Gründer & Erben

Die großen Familien im Ruhrgebiet

Thomas Rother

Gründer & Erben

Die großen Familien im Ruhrgebiet

Die Deutsche Bibliothek –
CIP-Einheitsaufnahme
Rother, Thomas:
Gründer & Erben : die großen Familien
im Ruhrgebiet ; [das Buch zur WAZ-Serie] /
Thomas Rother. – Bottrop : Pomp, 1998
ISBN 3-89355-160-3

2. Auflage 1998

Grafik Design: Miriam Willnat, Bad Wildungen
Lithografie: Repro Wuchert Computer
Publishing GmbH, Bochum
Herstellung: Druckerei und Verlag
Peter Pomp GmbH, Bottrop
Buchbinderei: Hunke & Schröder, Iserlohn

ISBN 3-89355-160-3

Umschlag Vorderseite von links nach rechts:
Friedrich Grillo, August Thyssen, Albert Hoesch,
Theodor Goldschmidt, Johann Joachim Schlegel,
Alfred Krupp

Umschlag Rückseite von links nach rechts:
Franz Dinnendahl, Friedrich Harkort,
William Thomas Mulvany, Franz Haniel,
Hugo Stinnes jun.

Hintergrundbild: Gußstahlfabrik Fried. Krupp,
Essen. Die letzte Schicht des Hammers „Fritz",
4. März 1911.

INHALT

7 Vorwort

9 Einleitung: Ein Jahrhundert der findigen Köpfe und der praktischen Menschen

21 Vom Schweinehirten zum Mechanikus
Dinnendahl

27 Das Fabrikzeitalter begann auf der Burg
Harkort

39 Ein Ingenieur aus Irland war Westfalens Schatzgräber
Mulvany

49 Duisburger Handelsherr ging als erster in die Tiefe
Haniel

63 Von der Ruhr in die Welt
Stinnes

79 Ein Vulkan an Unternehmungsmut
Grillo

91 Mythos und Legende einer Familie
Krupp

111 Kleiner Mann wird großer Berg- und Schloßherr
Thyssen

131 Eine Stadt, ihr Stahl und das Unternehmen
Hoesch

143 Wenn die Chemie stimmt
Goldschmidt

153 Das Revier und sein Bier
Schlegel
Stauder
König

173 Bildnachweis

Es gab Leser, die sich verwundert äußerten, als die waz mit der Serie „Die großen Familien" herauskam. Ob dies denn die Zeit für solche Nostalgien sei, gaben sie zu bedenken.

Es gab aber auch Leser, die anfragten, wann denn „ihr" Unternehmen an der Reihe sei. Ob nach Krupp auch Thyssen, ob nach Haniel auch Hoesch Teil der Serie würden. Sie konnten, wie wir hoffen, zufriedengestellt werden.

Zwischen diesen beiden Polen, und noch einigen Bezugspunkten mehr, bewegt sich das Verhältnis der Menschen zu den Unternehmen, die diese Region zu dem machten, was sie lange Zeit war und mindestens im kollektiven Gedächtnis immer noch ist: zum gewaltigen Industrierevier, zum Land der tausend Feuer, zum Kohlenpott.

Mit den Namen, die in diesem Buch aufscheinen, verbinden sich, wie immer man zu ihnen steht, Industriegeschichte, regionale Geschichte, Stadtgeschichte – vor allem aber: Menschenschicksale.

Mit Krupp und mit Thyssen, mit Haniel und mit Hoesch ist das Leben unzähliger Menschen, ganzer Familien, vieler Generationen untrennbar verbunden und verwoben gewesen. Und ist es noch – in guten wie in schlechten Tagen.

Die Geschichtsschreiber haben von dieser Art Historie lange Zeit wenig Kenntnis genommen. Nicht zuletzt hat das Ruhrgebiet hier Nachholbedarf. Die waz-Serie – mit den unvermeidlichen Beschränkungen, die der raschen Zeitungsarbeit anhaften – wollte hierzu einen Beitrag leisten.

Sie wollte vor allem bewußt machen, daß hinter den Namen, die oft zur Bezeichnung ganzer Industrie-Imperien wurden, einst Menschen aus Fleisch und Blut standen. Auch die großen Familien fingen klein an.

So entstanden diese Geschichten von kühnen Pionieren, von tüfteligen Erfindern, von Leuten mit Mut und Tatkraft. Geschichten mit oft überraschenden Wendungen, Geschichten von Siegen und von Niederlagen. In manchen Fällen stieß der Autor auf regelrechte Familiensagas, die denen nicht nachstehen, mit denen uns das Fernsehen so gern füttert.

Der Pomp Verlag meinte, daß aus der Zeitungsserie ein Buch werden solle. Das freut uns, und es ehrt den Autor. Es ist Thomas Rother, der als ausgewiesener Kenner der Geschichte des Ruhrgebietes viele Jahre lang die Revierseite unserer Zeitung betreute.

Diesem Buch viele Leser zu wünschen, versteht sich deshalb für uns von selbst. Schließlich ist auch die waz, die in diesem Jahr 50 Jahre alt wird, schon Bestandteil der Geschichte dieser Region.

Ralf Lehmann
Chefredakteur der
Westdeutschen Allgemeinen Zeitung

Ein Jahrhundert der findigen Köpfe und der praktischen Menschen

Es war wie in Alaska. Doch nicht Gold wurde fieberhaft gesucht. Der Stoff, der an Rhein und Ruhr, Emscher und Lippe das 19. Jahrhundert bestimmte, für den jede Mühe wert war, das war Steinkohle. An den Hängen der Ruhr, später in den Niederungen der Emscher und denen des Rheines wurde nach schwarzem Gold gegraben, nach schwarzen Diamanten. Der Ausdruck „schwarzes Gold" setzte sich zwar durch, wohl weil mit Kohle Gold gemacht werden konnte. Zutreffender wurden die Kohlebrocken jedoch schwarze Diamanten getauft (meist waren und sind es Berg- und Fachleute, denen der Begriff geläufig war und ist). Schwarzes Gold – damit wurde an anderen Orten der Welt Öl angehimmelt. Aber es stimmt schon: Die Menschen des Ruhrlandes hatte damals ein regelrechter Goldrausch erfaßt.

Selbst Mediziner gaben ihre Arzttätigkeit auf. Als Begründung dafür, warum er sich von der Medizin ab- und dem Bergbau zugewandt hatte, sagte in den fünfziger Jahren des 19. Jahrhunderts der Dortmunder Arzt Dr. Friedrich Wilhelm Müser auf westfälisch Platt: „Menst du, ick häv noch Lust, die Buren die Grindköppe zu kurieren, ich grawe no Koalen." Die Kohlengräberei des Arztes Müser hat sich gelohnt: Er ist zu einem bedeutenden Bergbauunternehmer als Mitbegründer der Harpener Bergbaugesellschaft zu Dortmund geworden. Aber Intellektuelle wie Müser, Arzt und Doktor gar, waren die Gründer-Ausnahmen. Doch hatte er, was die anderen Gründerväter auch auszeichnete, eine zupackende Natur. „Es waren vielfach Selfmademen, teils noch Bauernblut in den Adern und mit harten Bauerngesichtern, teils auch Handwerkerfamilien entstammend, einfache Naturen, nüchtern und klar, energisch und zäh." So beurteilte Walther Däbritz 1934 den Gründerkreis, der sich im 19. Jahrhundert beim wirtschaftlichen Feuerkopf Friedrich

Technik zu Gründers Zeiten: Der alte Hammer in Kupferdreh bei Essen.

Kuxe (Vorläuferin der Aktie) der Gewerkschaft „Deutscher Kaiser“. Von 1883 bis 1891 erwarb August Thyssen alle 1000 Kuxe der Gewerkschaft „Deutscher Kaiser“ durch Aufkauf und wurde damit Besitzer dieses Steinkohlen-Bergwerkes in Duisburg. Diese Anteilsscheine am Gesamtbesitz eines Bergwerkes wurden in der Gründerzeit für alle Bergwerke an Rhein und Ruhr ausgegeben.

Kuxschein

№ Eins

der Gewerken Herren Thyssen & Co / Mülheim a. d. Ruhr

über fünf Kuxen des in Tausend Kuxe eingetheilten

Steinkohlen-Bergwerks

DEUTSCHER KAISER

in den Gemeinden Beeck, Hamborn und Walsum, im Kreise Duisburg, Regierungsbezirk Düsseldorf und Oberbergamtsbezirk Dortmund belegen.

Im Gewerkenbuche auf Pag. 109 verzeichnet.

Urkundlich unter Siegel und Unterschrift.

Zeche Deutscher Kaiser bei Neumühl-Hamborn, den 19. Mai 1883

Der Gruben-Vorstand:

Grillo traf, um neue Pläne zu schmieden und weitere Pläne zu überlegen, mit denen die ersteren realisiert und finanziert werden konnten.

Land und Leute waren in Aufruhr. Es hatte sich herumgesprochen in den Gegenden, in denen Armut und Not zu Hause waren: Im Westen gibt es Kohle, die geradezu aus dem Boden herauswächst, da schmelzen sie Eisen, das alles zusammen ergibt Arbeit ohne Ende und damit gibt es Geld. Kohlengruben lockten Kohlengräber an: „Gabe Gottes" und „Friedlicher Nachbar", „Fröhliche Morgensonne" und „Wasserfall", „Sonnenschein" und „Mausegatt", „Dickebank" und „Finefrau" in den Anfangszeiten, später dann in der zweiten Hälfte des Gründerjahrhunderts „Zollverein" und „Ernestine", „Hugo" und „Consolidation", „Pluto" und „Erin". Zunächst kamen die neuen Arbeiter des neuen Industriegebietes im Westen auch aus dem Westen, aus Westfalen, dem Rheinland und aus Hessen beispielsweise, später kam der lange Zug der Angeworbenen wie der Angezogenen aus Schlesien, Ost- und Westpreußen und aus Polen. Allein aus Polen waren bis zur Jahrhundertwende 500 000 Arbeiter eingewandert, eine Großstadt heutigen Ausmaßes.

Es war eine gewaltige Menschenwanderung in kürzester Zeit. Alles war in Hektik. Die neue Industrie brachte Land und Leute in Bewegung, mehr noch in Wallung. Es braucht viel Phantasie, um sich Situationen und Stimmungen zur Gründerzeit vorzustellen und auszumalen. Der Schriftsteller Wolf Schneider hat dieses wilde und turbulente Stück Ruhrgebiet u. a. so beschrieben:

„Kohlen für die Dampfmaschinen, Dampfmaschinen für Fabriken und Bergwerke, Eisenbahnen für den Kohletransport, Kohle für die Lokomotiven, Eisen und Stahl für Schienen und Maschinen, Kohle, um Eisen und Stahl zu gewinnen, Eisen für die Kohleschächte, mehr Kohle dank Eisen und Maschinen, mehr Eisen und Maschinen dank vermehrter Kohle – dies war das vielfältig verzahnte Getriebe, das das Ruhrgebiet vorwärtszerrte."

Mülheim um 1800

Und jeder wollte an den finanziellen Erfolgen dieses verzahnten Getriebes teilhaben. In den vierziger und fünfziger Jahren waren Gesetze erlassen worden, die die Errichtung von Aktiengesellschaften und Miteigentümern auch im Bergbau zuließen. Das Direktionsprinzip war aufgehoben worden. Damit lagen Verwaltung und Betriebsführung nicht mehr beim Bergamt, sondern waren in die Hand der Bergwerkseigentümer übergegangen. Nun sahen Geldgeber in der Kohle die Chance, schnell reich zu werden. Ergebnis: Während 1850 an der Ruhr auf 198 Zechen Kohle gefördert wurde, gab es bereits sieben Jahre später 295 Kohlengruben. Die Förderung stieg von 1,96 Millionen auf 3,5 Millionen Tonnen.

Im Zusammenhang mit diesem Kohle-, der doch wie ein Geldrausch gewesen ist, wird von einem Dortmunder Gründerbetrug berichtet, bei dem Geldanlegern jede Menge Kohlen unter Tage gezeigt worden waren. Die Geldgeber hatten Kuxe (Anteile) erworben in der Hoffnung auf fette Ausbeute. Die Betreiber des angeblich hoffnungsvollen Bergwerkes verschwanden. Die verlockende Kohle war von ihnen unter Tage gebracht und dort wirkungsvoll aufgebaut worden.

Es war auch das Jahrhundert der findigen Köpfe und der geschickten Hände. Kein Wunder, daß technische Erfindungen wie Geheimnisse bewahrt wurden. Jacob Mayer, ein junger Uhrmacher aus Köln, war wie Friedrich Krupp zeit seines Lebens dem Geheimnis des Gußstahls auf der Spur. Als er Direktor des Bochumer Vereins geworden war, verfügte der neue Direktor, daß jeder Arbeiter vor dem Friedensrichter den Eid schwören mußte, „daß ich Geheimnisse über die Zement- und

Beschaulich und idyllisch: Das Ruhrtal bei Steele um 1860. Vorne rechts noch der Landmann mit der Sense, doch im Hintergrund schon die neue Industrie: links die Zeche „Johann Deimelsberg", danach die Eisenhütte „Neu-Schottland", rechts die Zeche „Gewalt".

Gußstahlfabrikation nebst allem, was damit direkt oder indirekt in Verbindung steht, namentlich auch die Anfertigung der Tiegel und Formen, wie mir solche von dem technischen Dirigenten des Bochumer Vereins, Jacob Mayer, oder irgendeinem anderen Beamten oder Vorsteher des Vereins mitgeteilt werden wird, für immer geheimhalten, nicht auf andere übertragen will." So ist auch nie eindeutig geklärt worden, ob nun Mayer oder Krupp den Gußstahl erfunden, geschweige denn, wer die erste Gußstahlkanone gebaut hat. Fest steht: Beide Gründer befehdeten sich erbittert.

Das Zeitalter der Maschinen kam mit Dampf. Doch willkommen war es auch an Rhein und Ruhr nicht. Zunächst brachte es Arbeitslosigkeit. Gewerbliche Betriebe, beispielsweise die mit Wasserkraft betriebenen Hammerwerke und Mühlen im Ruhrtal und im Bergischen Land, kamen mit Dampf schneller und profitabler voran. Handarbeit wurde von Maschinenarbeit abgelöst. Wie würde die Zukunft aussehen? Die „Kölnische Zeitung" formulierte die damaligen Zukunftssorgen 1818 als Leitartikel so:

„Eine Maschine macht oft die Arbeit von tausend Menschen entbehrlich und bringt den Gewinn, den sonst alle diese Arbeiter teilten, in die Hände eines einzigen. Mit jeder abermaligen Vervollkommnung einer Maschine werden neue Familien brotlos; jede neuerbaute Dampfmaschine vermehrt die Zahl der Bettler, und es steht zu erwarten, daß sich bald alles Vermögen in den Händen einiger tausend Familien befindet und der übrige Teil des Volkes als Bettler in ihre Dienstbarkeit geraten werden. Muß nicht jeder Menschenfreund schmerzlich ergriffen werden von dem Gedanken, daß es dorthin kommen kann und

Zur Gründerzeit ein Landstädtchen: Bochum um 1865, rechts der „Bochumer Verein".

aller Wahrscheinlichkeit nach dorthin kommen muß? Wir sind der Meinung, daß der Schaden, den unsere Gewerbe durch das englische Maschinenwesen erleiden, obwohl er sehr fühlbar ist, bei weitem leichter ertragen werden kann, als der Druck, der aus dem Flor der zu sehr durch Maschinen vervollkommneten Fabriken erwachsen würde, die Deutschland mit drei bis vier Millionen Bettlern bevölkern würden."

Zu Beginn der Gründerzeit war das Ruhrland eine vollkommen andere Welt als das Ruhrgebiet heute. September 1826 hatte Fürst von Pückler-Muskau Goethe in Weimar besucht. Auf seiner Rückreise kam er durch das Ruhrtal und verliebte sich in diese Landschaft. Ein Jahr zuvor war Friedrich Grillo geboren worden, durch dessen Tatendrang das Ruhrland im wahrsten Wortsinne bereichert worden ist. Und so beschrieb der Fürst das Ruhrland in seinem Tagebuch:

„Die Gegenden, durch welche mein Weg führte, gehörten einer angenehmen und sanften Natur an, besonders bei Stehlen an der Ruhr, ein Ort für den gemacht, der sich vom Getümmel des Lebens in heitere Einsamkeit zurückzuziehen wünscht. Nicht sattsehen konnte ich mich an der saftig-grünen Vegetation, den prachtvollen Eichen- und Buchenwäldern, die rechts und links die Berge krönen, zuweilen sich über die Straße hinzogen, dann wieder in die Ferne zurückwichen, aber überall den fruchtbarsten Boden bekränzten, braun und rot schattiert, wo er frisch beackert war, hell- und dunkelgrün schimmernd, wo junge Untersaat und frischer Klee ihn bedeckten. Jedes Dorf umgibt ein Hain schön belaubter Bäume, und nichts übertrifft die Üppigkeit der Wiesen, durch welche sich die Ruhr in seltsamsten Krümmungen schlängelt. Ich dachte lachend, daß, wenn einem prophezeit würde, an der Ruhr zu sterben, er sich hier niederlassen müsse, um auf angenehme Weise die Prophezeiung zugleich zu erfüllen und zu entkräften."

Da war das Ruhrland noch beschaulich, die Städte waren klein oder waren noch Dörfer. Als das Ruhrgebiet noch das Ruhrland war, wurden unsere heutigen Großstädte nicht nach Einwohnern gezählt, sondern nach Köpfen. Zur Zeit der aufkommenden Dampfmaschinenkraft, zwischen 1810 und 1820, war die größte Stadt des heutigen westfälischen Ruhrgebiets Hamm mit 4 688 Köpfen.

Auch die anderen westfälischen Städte waren beschauliche Kleinstädte: Dortmund mit 4 289, Unna mit 3 499, Hattingen mit 2 561 und Recklinghausen mit 2 400 Seelen. 1819 hatte Bochum gerade 2 122 Einwohner. Das übrige Westfalen auf heutigem Revierboden war noch dörflicher: Kamen 1 930, Herdecke 1 813, Witten 1 610, Lünen 1 325, Hörde 1 136, Wattenscheid etwa 1 000 Köpfe.

Das Rheinland wurde damals von Duisburg angeführt mit 5 742 Seelen. Das Hafenstädtchen Ruhrort entwickelte sich rasch: Während 1800 nur 931 Einwohner gezählt wurden, waren es zehn Jahre später schon 1 298 und um 1820 bereits 1 547. Mülheim übertrumpfte damals noch mit 4 711 Seelen Essen, in dem zur Jahrhundertwende 3 500 Menschen lebten, 16 Jahre später allerdings schon 4 661. Altenessen zählte 3 013, Borbeck 3 676 Einwohner, Werden 2 454, doch Kettwig stolze 4 010. Zur gleichen Zeit etwa werden in Köln 49 000 Einwohner registriert, in Aachen 32 000, in Düsseldorf 22 000, in Elberfeld 21 000 und in Münster 18 000 Einwohner gezählt.

Doch mit Eisen und Dampf und Kohle donnerte die neue Zeit heran in diesen Städten. Es wurde lauter, es wurde schneller, und es wurde auch schon enger. Johann Wolfgang Goethe, ein Zeitgenosse der Gründer, hatte die Zeitenwende erkannt: „Reichtum und Schnelligkeit ist, was die Welt bewundert und wonach jeder strebt; Eisenbahnen, Schnellposten, Dampfschiffe und alle möglichen Fazilitäten der Kommunikation sind es, worauf die gebildete Welt ausgeht, sich zu überbieten. Eigentlich ist es das Jahrhundert der fähigen Köpfe, für leicht fassende praktische Menschen, die mit einer gewissen Gewandtheit ausgestattet, ihre Superiorität über die Menge fühlen, wenn sie gleich selbst nicht zum Höchsten begabt sind. Laß uns soviel als

Die Eisenbahn bei Hamm Mitte des 19. Jahrhunderts.

möglich an der Gesinnung halten, in der wir herankamen; wir werden, mit vielleicht noch wenigen, die Letzten sein einer Epoche, die so bald nicht wiederkehrt."

Das Gold, zu dem nach Goethe alles drängt, machte die Menschen der Gründerjahre blind. Friedrich Grillo, den Wilhelm Brepohl einen „Vulkan an Unternehmungsmut, Klugheit und genialem Fernblick" genannt hat, hatte sein Wohnhaus in einem kleinen Wald in Schalke bauen lassen. Und obwohl es der Wald des mächtigsten Mannes der damaligen Zeit gewesen ist, stand sein Haus eines Tages ohne Wald und Baum da. Als wären sie von einem neuem Fieber befallen, das Gründen hieß, scherten sich die Menschen damals einen Dreck um Natur, rasierten sie nahezu ab, um ihrer Sache willen und die hieß am Ende meistens Profit. Oder war es der Glaube daran, den Weg in ein „Goldenes Zeitalter" vorbereiten zu helfen, der den Gründern ihre Schwungkraft verlieh, das Neue zu riskieren? Gleichwohl ist auch das eine Erbschaft der Gründerzeit: Die Zeitgenossen des Strukturwandels im Ruhrgebiet des ausgehenden 20. Jahrhunderts müssen sich mit dem Dreck der Vergangenheit, sinnfällig Altlasten genannt, herumschlagen.

Es verwundert nicht, daß damals die Sitten verrohten. Zu Gründerzeiten des Ruhrgebietes nahmen Kriminalität, Alkoholismus und Prostitution zu. Aus Dörfern wurden in wenigen Jahren Industrieorte, Mittelstädte wuchsen in kurzer Zeit zu Großstädten. Zechen und Fabriken zogen Menschenmassen an, ohne daß ausreichend Wohnraum vorhanden war. Viele der sogenannten Kostgänger mußten sich zu dritt reihum eine Schlafstelle teilen; das Bett wurde nie kalt. Da verkamen Betten und Sitten.

1874 klagte Bürgermeister Mascher von Hörde, in Kohlekreisen habe sich förmlich eine Banditenwirtschaft entwickelt, die sich „des italienischen Dolches, des amerikanischen Todtschlägers zu ihrer Bluthwirthschaft" bediene. Der Mann sah damals im „hiesigen Industrierevier Fabrikarbeiter, Bergleute und kleine Gewerbetreibende" sozusagen als professionelle Unterwelt. Der westfälische Gendarmeriechef beklagt 1869, in Bochum gäbe es in allen Straßen Waffenläden, in denen Revolver und doppelläufige Pistolen verkauft würden: „Die Bergleute haben Pulver genug und so geht man hier allgemein mit der Schußwaffe und benutzt sie auch." 1889 stand in einer Zeitungsanzeige: „In keiner Familie darf der Revolver fehlen." In dieser Zeit weigerten sich in Dortmund die Gendarmen, allein auf Streife in Arbeiterviertel zu gehen, taten Dienst nur noch zu zweit. Selbst Otto Hue, der große Gewerkschaftler der Bergarbeiter, gab in seiner Geschichte der Bergarbeiter zu, die Zusammenkünfte der Arbeiter arteten regelmäßig in „wüste Schlägereien mit Messergebrauch" aus.

Tatsächlich: Der scharfe Wind der Aufklärung nach der Französischen Revolution hatte vielen den geistigen Halt genommen; die Napoleonischen Kriege, die 23 Jahre Europa in Schach gehalten hatten, hatten auch die Geldbeutel der Menschen aufgezehrt. Arm waren die meisten Leute in Westfalen wie in Schlesien oder in den Masuren. Die geistige Stütze, der christliche Glaube, war auch nicht mehr so fest wie einst. Und plötzlich verhießen technische Erfindungen neues Leben. Die Steinkohle bot sich als Ersatz für die Holzkohle an; der deutsche Wald war ja schon arg gelichtet, so daß auf lange Sicht Holzkohle kaum mehr zur Verfügung hätte stehen können. Dampfkraft machte die Menschen nicht nur staunen, sondern auch hoffen; sie pumpte das Wasser aus den Kohlenstollen und zog später Wagen über eiserne Schienen. Harkort, Stinnes, Haniel, Krupp, Grillo, Mulvany, Dinnendahl, Thyssen, Hoesch und die anderen unternehmerischen Teilhaber des Aufbruchs ins Revier werden erkannt oder gespürt haben, Aktivisten einer neuen Epoche zu sein. Gewiß war auch dies eine der Triebfedern, die

Als der Essener Stadtteil Katernberg noch mit C geschrieben wurde: Die Schächte I und II der Haniel-Zeche „Zollverein" gegen Ende des 19. Jahrhunderts. Durch die Gründung dieses Bergwerkes begann der Siegeszug der Kohle nordwärts, immer dem Emscherlauf folgend. Zollverein I und II waren die ersten Schächte, die unter die Mergeldecke getrieben wurden. Aus ihnen entwickelte sich Ende der zwanziger Jahre des 20. Jahrhunderts Schacht XII, ehemals die modernste Zeche Europas. „Zollverein XII", Ende 1986 als letzte Essener Schachtanlage stillgelegt, wird heute als Kultur- und Industriedenkmal mit neuem Leben erfüllt.

sie später als herausragende Gründer und einige von ihnen als typische Vertreter des Frühkapitalismus von der Gesellschaft abhob. Vom verspielten bezopften Rokoko des 18. Jahrhunderts ins häuslich Sichere des Biedermeiers des 19. Jahrhundert mit ungeheurem Dampf und Tempo. Und doch hatte die Biedermeiermänner mit goldenen Uhrketten, mit weißen Westen, schicken Bärtchen und Bärten eine industrielle Abenteuerlust gepackt, daß der Himmel über der Ruhr schwarz wurde von ihrem Gründerrauch und diesig von ihrem Gründerdampf.

Wie sehr die neue Kraft Dampf, die schließlich erst mit der Kohle möglich geworden war, die Menschen beeindruckte, zeigt die Schilderung eines Rheindampfers durch die westfälische Dichterin Annette Droste-Hülshoff. 1825 hatte das dichtende Edelfräulein den Rheindampfer „Friedrich Wilhelm" beobachtet. Ihrer Mutter berichtete sie anschaulich so: „Im Schiffe steht eine hohe dicke Säule, aus der unaufhörlich Dampf hinausströmt in einer grauen Rauchsäule mit ungeheurer Gewalt und einem Geräusch wie das der Flamme bei einem brennenden Hause. Wenn das Schiff stillesteht oder wenn der Dampf so stark wird, daß er die Sicherheitsventile öffnet, so fängt das Ding dermaßen an zu brausen und zu heulen, daß man meint, es wollte sogleich in die Luft fliegen. Kurz, das Ganze gleicht einer Höllenmaschine, doch soll gar keine Gefahr dabei sein, und ich möchte diese schöne Gelegenheit wohl benutzen, um nach Koblenz zu kommen, was in fünf Stunden möglich sein

Kinderreichtum in der Bergarbeitersiedlung. Koloniehaus in einer Siedlung der Zeche „Zollverein" in Essen-Katernberg.

soll." Also doch! Die Höllenmaschinen wurden angenommen. Und mit ihnen wurde das 19. Jahrhundert auch das Jahrhundert der beginnenden Schnelligkeit. Die Dampfschiffe lösten die Ruhraaks ab, die an Seilen gezogenen Kohletransportschiffe, die wiederum die mühsamen Pferdefahrten von Hattingen beispielsweise zur Hütte der guten Hoffnung bei Sterkrade überflüssig gemacht hatten. Dann kamen die Dampfrösser auf den Schienen, die Eisenbahnen, für die die Gründer, allen voran Friedrich Harkort, so viel getan hatten. Eine turbulente Zeit.

Trotz aller Abenteuerlust, trotz allem Tüftlersinn, trotz allem Kaufmannsgeschick, trotz Aufhebung der Gewerbefreiheit in Preußen, trotz der endlich das Land durchquerenden Eisenbahnen und der neuen Kanäle, trotz der Dampfschiffe für Kohlen- und Erztransporte, was wäre das Ruhrgebiet ohne die Engländer. Nicht Mulvany, der Ire ist gemeint, der mit neuen Schachtabbaumethoden den Bergbau schneller nach unten und damit vorwärts trieb. Die Engländer hatten schon lange eine gutgehende Industrie. Fachleute beziffern den Vorsprung der englischen Industrie gegenüber der deutschen zu Beginn des 19. Jahrhunderts auf 50 Jahre. Die Unternehmer an der Ruhr mußten mit den englischen konkurrieren. Harkort und Mulvany waren nicht die einzigen, die englische Fachleute an die Ruhr und an die Emscher holten. Nicht genug:

Die Geschichte des Beginns des Ruhrgebietes ist auch die Geschichte der Werksspionage. Eduard Hoesch mußte sich vor aufgebrachten englischen Arbeitern in Sicherheit bringen, als er die Geheimnisse der Stahlherstellung auskundschaften wollte. Jacob Mayer, mit dem Bochumer Verein Konkurrent von Krupp, fürchtete in Sheffield um sein Leben beim gleichen Ziel. Alfred Krupp, offenbar kühl bis ans Herz hinan, war von allen der geschickteste Werksspion. Er nannte sich bei seiner englischen Stahl-Mission „Schropp".

„Marschall der Industrie" nannte Jahre später Kanzler Bismarck in einer Reichstagsrede Alfred Krupp. Krupp selbst sah sich gern als „einen alten Arbeiter". Hochtrabend bezeichneten ihn einige als „einen Fürsten der Arbeit". Arbeiter, Fürst, Marschall – in diesen pathetischen Bezeichnungen zeigt sich auch das gesellschaftspolitische Dilemma der meisten Gründer. Zumeist von Gerechtigkeitssinn durchdrungen, vielfach von unterschiedlichen Humanismus-Vorstellungen angestoßen, oft zu Mildtätigkeit und Wohlfahrtsdenken mehr aus religiösen als aus humanitären Gründen bewegt, stifteten sie Gemeinschaftseinrichtungen, die bis heute segensreich sind. Den Gegenwärtigen sollte bewußt sein, daß damals Mild- und Wohltätigkeit nicht als Spenden abzusetzen waren, wie sie es heute sind. Jacob Mayer vom Bochumer Verein wollte seine Aktivitäten sogar als Beitrag zur wirtschaftlichen Stärkung des preußischen Staates gewertet wissen. Alfred Krupp hatte 1836 nach den ersten Erfolgen die Betriebskrankenkasse gegründet, aus deren bescheidenen Anfängen schließlich ein beispielloses Sozialwerk und ein Vorbild der sozialen Reichsgesetzgebung wurde. Später ließ er – sozusagen als einzigen Schmuck – in seiner Villa Hügel ein Bildnis von Wilhelm von Humboldt aufhängen.

Doch die neuen gesellschaftspolitischen Ideen der Sozialdemokratie waren ihnen suspekt, sie fürchteten sie als radikal und umstürzlerisch. Die merkantile und pekuniäre Bewegung, das Wachstum der Fabriken allein schien ihnen Quelle des Wohlstands und fähig, die Gesellschaft neu zu formen. Aus den Kleinbetrieben und denen, die von einzelnen Persönlichkeiten geführt worden waren, waren in der zweiten Hälfte des 19. Jahrhunderts Kartelle, Großbetriebe, Syndikate geworden. Der risikobereite Unternehmer, eben jener Gründer, war nicht mehr der Mann an der Spitze. Routiniers und Fachleute, die das Angeschaffte vermehren und bewahren konnten, Manager, Prokuristen und Verwalter traten an die Stelle der Gründer.

So war auch die Versöhnung zwischen denen oben und denen unten, den neuen Fabrikherren und den neuen Proletariern, keine Sache dieser Zeit. Friedrich Harkort, wohl ein Präliberaler, schrieb nahezu Bittbriefe an die Arbeiter und hoffte auf eine bessere Gesellschaft durch Bildung, nicht aber durch das Werfen von Pflastersteinen von Revolutionären. Krupp, wie Harkort Protestant, setzte gleichfalls auf guten Willen, ja wollte seine Arbeiter zu sich hinüberziehen ins bürgerliche Lager, was ihn gegenüber den Forderungen der Sozialdemokratie verhärtete, die er kompromißlos ablehnte, ja auch bekämpfte. Gleichwohl hat Alfred Krupp, doch wie ein Monarch skrupellos in seinem Werk wirkend, ein umfassendes soziales Programm entworfen, das wie ein Vorläufer des sozialen Netzes der Bundesrepublik erscheint. Krupp steht da für alle Gründer. Aus welchen Gründen auch immer, vielleicht nur, um die eigenen Arbeiter ans Werk zu binden, haben sie alle ein für ihr Unternehmen bestimmtes Sozialwerk eingerichtet oder angeregt. Die soziale Frage, die um die Wende vom 19. zum 20. Jahrhundert mit überquellenden Städten und teilweise unhaltbaren Zuständen der Wohn- und Lebenssituation auch dem biedersten Biedermann nicht verborgen bleiben konnte, haben sie trotz aller Bemühungen nicht lösen können.

Sie nannten die Hochkonjunktur „Die Schwindelperiode"

In den Gründerjahren, Jahre der Spekulationen, riskierten viele vieles. „Viel gewagt, viel gewonnen" galt, aber auch „wie gewonnen – so zerronnen". Es wurde gejobbert, spekuliert und geschachert, ehrenhaft, meist jedoch unehrenhaft, in vielen Fällen untalentiert. Friedrich Grillo beispielweise war einer, von dem im heutigen Sprachgebrauch gesagt werden würde, „der hat den Durchblick". Wer nicht durchblickte, für den war Heulen und Zähneklappern am Ende eines Börsenkrachs angesagt. Das Gedicht „Das Ende" beschreibt plastisch diese Zeit des Börsenfiebers.

Der Kruppsche Ingenieur Ernst Neu verdichtete die Spekulationen der siebziger Jahre des 19. Jahrhunderts in diesem Gedicht, das weite Verbreitung durch die satirische Zeitung „Kladderadatsch" fand. 1855 bis 1857 gab es im Deutschen Reich eine Periode der Hochkonjunktur. Die 1870er Jahre waren gleichfalls hochkonjunkturelle Jahre, waren Gründerjahre, die damals von vielen auch „Schwindelperiode" genannt wurde. Jeder versuchte an der Börse sein Glück. Dr. Strousberg aus Gelsenkirchen erzählte später, seine Dienstmädchen und sein Kastellan hätten an der Börse spekuliert und dabei alle ihre Ersparnisse verloren. 1857 war der erste Zusammenbruch, bei dem viele ihre Anteilscheine (Kuxe) verloren. 1873 kam es zum zweiten Börsenkrach. Jedesmal hatten in der fieberhaften Aufregung viele Menschen Kuxe der noch im Abteufen begriffenen Bergwerksschächte gekauft, ohne zu bedenken, daß sie die Zubußen der späteren neuen Unternehmen auch bezahlen mußten. In Essen versammelten sich die Spekulanten in Wirtschaften an besonderen Tischen, Kuxentische genannt. In Bochum, Gelsenkirchen und Recklinghausen wurden kurz nach dem Börsenkrach 1873 Industriebörsen gegründet.

Das Ende

Es jobbert der Jude, es jobbert der Christ,
Es jobbern die Krämer und Schreiber.
Es jobbert der Gastwirt, der Prokurist,
Der Rechtsanwalt und sein Kopist,
Es jobbern die Kinder und Weiber.

Zu Haus, im Freien, beim Bier und Wein,
Beim Mittagstisch und im Bette,
Beim Skat und im Gesangverein –
Da wird gejobbert grob und fein,
Da schachert man um die Wette.

Der Kurs der Papiere, der Mergel, der Flies
Sind heute der einzige Gedanke.
Ein Bohrloch erscheint als Paradies.
Von Anteilscheinen ein halbes Ries
Ruht statt des Geldes im Schranke.

Der Tempel des Schwindels ragt stolz empor
Und glänzt durch blankes Gepränge:
Verlockende Töne berauschen das Ohr:
Hinein durch das vergoldete Tor
Drängt das Volk in wirbelnder Menge.

Doch knistert's schon laut in den
Balken und kracht,
Als nagte der Wurm am Tempel:
Doch siehe, die Pleite kommt über Nacht,
Und ehe noch einer daran gedacht,
Bricht donnernd zusammen der Krempel –

Begräbt unter Trümmern der Hoffnungen viel
Und schlägt manche blutende Wunde,
Vernichtet den Jobber mit Stumpf und Stiel –
Der Gründer allein hat gewonnen beim Spiel:
Und den letzten beißen die Hunde.

Ernst Neu

Gründer & Erben

Dinnendahl

Vom Schweinehirten zum Mechanikus

Franz Dinnendahl 1775 – 1826

Die Gründerzeit des Ruhrgebietes hat eine Geburtsstunde. Oder doch zwei? Ein Jahr vor Beginn des 19. Jahrhunderts wurde die zweite Dampfmaschine für das Ruhrland bestellt; es war die erste auf einer Steinkohlenzeche. Der Mechanikus Franz Dinnendahl aus Steele soll dabei gewesen sein, jener ehemalige Schweinehirt, der sich die Zeit des Schweinehütens mit der Schnitzerei von Maschinen vertrieb und später zum Erbauer der ersten deutschen Dampfmaschine wurde. Dinnendahl, der weithin Unbekannte, sein Name ist mit dem Aufstieg des Ruhrlandes zum Ruhrgebiet durch die Expansion des Steinkohletiefbaus verbunden.

Beim Schweinehüten schnitzte er als Junge mechanisches Gerät. Als Erwachsener brachten seine Wasserhaltungs- und Feuermaschinen den Kohlebergbau an der Ruhr in Schwung: Franz Dinnendahl.

Wasser und Wind kannten sie auch im Ruhrtal und an der Emscher als Kraft im Dienste des Menschen. Aber erhitztes Wasser, das zu Dampf wird? Mit der Nutzung der Dampfkraft zum Abteufen der Zechenschächte ging es tiefer und schneller als zuvor in die Erde. Zwar sollte es noch ein halbes Jahrhundert dauern, bis die grünsandige Mergeldecke mit Dampfkraft durchstoßen wurde, doch der Zugang zur Kohle war nun senkrecht leichter zu bewerkstelligen. Entscheidender jedoch war, daß mit der Dampfmaschinenkraft die Bergleute ihrem größten Widersacher Einhalt gebieten konnten, dem beim Schachtbau hereinbrechenden Wasser. „Mit Feuer Wasser heben" – durch die Dampfmaschine war die Idee des Gelehrten und Erfinders Denis Papin Realität geworden.

Zur senkrechten Schachtförderung hatten bis dahin Pferdegöpel gedient; Pferde gingen im Kreis und trieben die Schachtbohrer an. Dinnendahl war Fachmann zum Bau solcher Göpel. Doch mühsam war es und aufwendig. Schon 1784 hatte der preußische Reformer Freiherr vom Stein den Einsatz von Dampfmaschinen vor allem zum Heben von Grubenwasser befürwortet. 1784 hatte vom Stein die Leitung des Märckischen Bergamtes in Wetter übernommen. Führende deutsche Bergbeamte hatten in diesen Jahren in England die Vorzüge der Dampfmaschine von James Watt studiert. 1790 machte das Bergamt von Wetter der Regierung Vorschläge für den Einbau solcher Maschinen. Für die Gewerkschaft „Vereinigte Charlotte" wurde über das Schlesische Bergamt der Bau einer solchen Feuermaschine in Auftrag gegeben. Zwei Jahre später war die Maschine in Tarnowitz fertig; dort war 1788 die erste, aus England gelieferte Feuermaschine auf der königlichen „Friedrichsgrube" in Betrieb genommen worden. Der dortige Kunstmeister Holtzhausen baute von 1794 bis 1825 nach dieser englischen Maschine 50 oberschlesische Dampfmaschinen (heute wäre das ein Fall der Werksspionage). Eine dieser Maschinen ging auf einem Schiff über die Oder auf Reise nach Westen, dorthin, wo noch in ländlicher Idylle von Geld durch Kohle geträumt wurde. Doch erst Oktober 1794 traf sie über Amsterdam kommend in Ruhrort am Rhein ein. Und es sollte noch bis 1799 dauern, bis sich die Gewerken von der Zeche „Vollmond" in Langendreer entschlossen, diese Maschine einzusetzen.

So stand das Ungetüm in einem Speditionshaus der Firma Haniel. Erst im Oktober 1800 ging das Ding erneut auf die Reise Richtung „Vollmond". Am 9. Oktober 1800 traf die Maschine in Steele ein und wurde erneut zwischengelagert. Drei Monate später, Januar 1801 schließlich, wurde sie abgeholt. Dem Salineninspektor der Saline Unna-Königsborn wurde der Auf- und Einbau der Maschine als der ersten im Steinkohlebergbau übertragen. Der Mann war dampfmaschinenerfahren. Seit 1798 betrieb eine Dampfmaschine des Schotten James Watt die Pumpen der Salzsaline Königsborn bei Unna. Sie spare Pferde ein und ersetze den Wind, jubelte der „Westfälische Anzeiger". Die Dampfmaschine der Salzsaline war wohl die erste Hälfte der Geburt der Gründerzeit des Ruhrgebietes. Vollends kam das Kind der Neuzeit mit Namen „Industriezeitalter Ruhrgebiet" zur Welt, als 1801 eine Dampfmaschine des Engländers Newcomb die Bohrer auf dem Weg zu den schwarzen Diamanten der Schachtanlage „Vollmond" bei Langendreer und die Grubenwasserpumpen antrieb. Da hatte der Steinkohlentiefbau an der Ruhr begonnen. Wie mühsam die Arbeiten damals waren, sagen die Jahreszahlen: 1799 Entscheidung für die Maschine, 1808 war der „Vollmond"-Schacht erst 46 Meter tief abgeteuft.

Als bei „Vollmond" die Zukunft des Ruhrgebietes heraufdämmerte, schaute der ehemalige Schweinehirt Dinnendahl wißbegierig zu. 1755 in Horst bei Steele geboren, arbeitete sich dieser Mann nach oben. Mit einer ungemeinen technischen Begabung gab der Mechanikus, wie er sich nannte, alle Kraft für die Einführung der Dampfmaschine. Mit 16 Jahren eingeschriebener Bergmann, dann Schlepper und Hauer. Dem Rat eines Onkels folgend, ließ er die Hacke fallen, ging zu einem Bauernschreiner in die Lehre und lernte alles über den Baustoff Holz, dem damals wichtigsten Material der Maschinen. Am Ende stand ein erfindungsreicher Zimmermann, der für seine Wasserkünste, seine Mechaniken zum Heben des Grubenwassers, begehrt wurde.

1802 schloß er mit der Zeche „Wohlgemuth" einen Vertrag zur Lieferung einer Maschine für die Wasserhaltung, zum Abpumpen des Grubenwassers. Nachdem sich diese „Wasserkunst" ab 1804 bewährt hatte, beauftragte ihn die Zeche „Sälzer und Neuack", eine ähnliche Maschine zu bauen, um gleichfalls zum Tiefbau übergehen zu können. Es war eine Sensation, als am 13. September 1808 der riesige Dampfkessel von sechs Pferden durch das Limbecker Tor von Essen gezogen wurde. Das Pflaster mußte herausgerissen werden, damit der Kessel durch den Torbogen bugsiert werden konnte. Sonntag für Sonntag pilgerten die Menschen zur Zeche, um die neue Feuermaschine zu bestaunen.

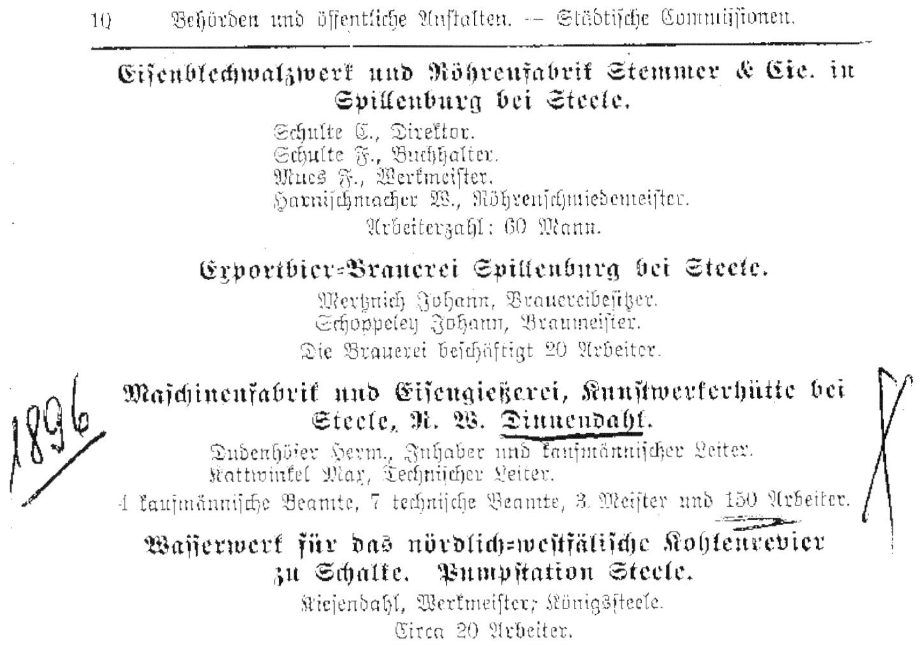
10 Behörden und öffentliche Anstalten. — Städtische Commissionen.

Eisenblechwalzwerk und Röhrenfabrik Stemmer & Cie. in Spillenburg bei Steele.

Schulte C., Direktor.
Schulte F., Buchhalter.
Mues F., Werkmeister.
Harnischmacher W., Röhrenschmiedemeister.
Arbeiterzahl: 60 Mann.

Exportbier-Brauerei Spillenburg bei Steele.

Mertznich Johann, Brauereibesitzer.
Schoppeley Johann, Braumeister.
Die Brauerei beschäftigt 20 Arbeiter.

1896

Maschinenfabrik und Eisengießerei, Kunstwerkerhütte bei Steele, R. W. Dinnendahl.

Dudenhöfer Herm., Inhaber und kaufmännischer Leiter.
Kattwinkel Max, Technischer Leiter.
4 kaufmännische Beamte, 7 technische Beamte, 3 Meister und 150 Arbeiter.

Wasserwerk für das nördlich-westfälische Kohlenrevier zu Schalke. Pumpstation Steele.

Riesendahl, Werkmeister; Königssteele.
Circa 20 Arbeiter.

Aus einem Branchenbuch von 1896.

Dinnendahl war inzwischen von Altendorf/Ruhr nach Essen gezogen und unterhielt dort eine Fabrik mit 60 Arbeitern. Er ließ auf der Gutehoffnungshütte Gußteile für Dampfmaschinen fertigen. 1809 beispielsweise hatte die Dampfmaschine von „Sälzer und Neuack" maschinelle Nachbarschaft erhalten: Die erste Fördermaschine des Kohlenreviers ließ Kohlengräber hinab und zog das neue kostbare Material, Steinkohle, zu Tage.

Erfindungsreich machte sich Dinnendahl jede Neuerung zu eigen. Als der Essener Apotheker Flashoff mit Steinkohlengas experimentierte, verstand es Dinnendahl, 1818 seine Werkstatt damit zu erhellen. Lange Zeit wurde die Werkstattbeleuchtung Dinnendahls als erste Leuchtgasanlage des europäischen Kontinents gepriesen, doch schon zwei Jahre zuvor hatte Professor Lampadius in einer Freiberger Amalgamieranstalt eine Gasbeleuchtung für einen gewerblichen Betrieb angelegt.

Just in dem Jahr, in welchem er dem Ruhrgebiet ein Gaslicht aufgesetzt hatte, begann der Abstieg des Unternehmers Dinnendahl. Obendrein brannte 1821 seine Fabrik ab. Dinnendahl gründete eine neue, plante mit seinem fünf Jahre jüngeren Bruder Johann, der als Beruf „Mechaniker, Mühlenbesitzer, Eisengießer, Dampfmaschinenbauer, Frucht- und Mehlhändler" angab, die Friedrich-Wilhelm-Hütte in Mülheim, doch die Niederlagen und die finanziellen Querelen hatten den Mann so aufgezehrt, daß er bereits 51jährig verarmt und mit der Welt uneins 1826 starb. Zwei Monate später starb auch Friedrich Krupp, gleichfalls erfolglos. Erst Jahrzehnte später verwirklichten andere den Traum Dinnendahls: dem Land an der Ruhr Dampf zu machen.

Wie seine Zeitgenossen Friedrich Krupp und Fritz Harkort war Franz Dinnendahl alles andere als ein Kaufmann. Rechnerei und Gewinnstreben gingen ihm ab. Bis zum Lebensende wurde er wie die anderen beiden Wirtschaftspioniere drückende Schuldenlasten nicht los. Zwar ein genialer Kunstwerker, konnte er doch mit der Konkurrenz der Feuermaschinen beispielsweise von Harkort nicht Schritt halten. Der Direktor des Essen-Werdenschen Bergamtes, Heintzmann, schrieb 1840, Dinnendahls Wasserhaltungsmaschinen wären schwach und kraftlos gewesen, man habe sich stärkerer bedient, beispielsweise jener von Harkorts Mechanischer Werkstätte

„Daher schnitzte ich während des Schweinehütens allerlei in die Mechanik gehörige Sachen, z. B. kleine Öl-, Gersten- und Kornmühlen, Eisenhämmer, Wasserkünste, Pumpen u. dgl. Allein eben dieses war auch die Ursache, daß ich von dem Bauer, dem ich als Schweinehirt diente, als ein zu diesem Geschäft untaugliches Subjekt entlassen wurde, weil ich über meine Schnitzereien die Schweine vergaß und oft abends kaum halb so viele wieder mit nach Hause brachte als ich des Morgens mitgenommen hatte."
Franz Dinnendahl über seine Zeit als jugendlicher Schweinehirte.

Nachdem aufgrund unzureichender Löschgeräte 1821 die Maschinenfabrik Dinnendahls vollständig abgebrannt war, übernahm Franz Dinnendahl das Amt des Brandoffiziers von Essen. 1822 wurde Friedrich Krupp Nachfolger in diesem Amt. Er bemühte sich als städtischer Brandoffizier, daß die Wasserfässer zum Löschen auch im Ernstfall zur Verfügung standen.

in Wetter. Wie sehr dem genialen Mechaniker der Umgang mit Geld fremd war, beweisen seine Geldanleihen in kaum nachvollziehbarer Höhe, die zu einer riesigen Verschuldung

führten. Mangelnde geschäftliche Erfahrungen trugen zu seinem Verhängnis bei. Immer unter finanziellem Druck, war er leicht reizbar und geriet oft wegen Kleinigkeiten mit guten Freunden in Streit, zum Beispiel mit seinem großen Förderer, dem Freiherrn von Romberg. Da half ihm am Ende auch nicht, daß er einst auf schönstem Papier alle mit der Kohle verbundenen Gewerken angeschrieben hatte, sich gemeinschaftlich und vereinigt zum Wohle aller zusammenzuschließen.

Ein Straßenname und eine Bronzetafel am Hauptzollamt in Essen, eine Tafel am alten Gemäuer der Zeche Vogelsang in Steele-Horst, eine Schule an der Grenze der Essener Stadtteile Kray und Steele seit den fünfziger Jahren, einige Familiennamen im Ruhrgebiet: Das sind die wenigen Zeugnisse eines Industriepioniers. Dinnendahl-Gröppel AG, Bochum – auch das war einmal. Erben? Bei Dinnendahl Fehlanzeige. Keiner von den Namensträgern kann sagen, ob er mit dem genialen Mechanikus von einst verwandt ist.

Gründer & Erben

Harkort

Pionier am Beginn der Gründerzeit: Friedrich Harkort, nach einem Gemälde von Georg Wilhelm Volkhardt.

Das Fabrikzeitalter begann auf der Burg

Friedrich Harkort 1793 – 1880

„Mich hat die Natur zum Anregen geschaffen. Das Ausbeuten muß ich anderen überlassen." So war es denn auch. Wer obendrein ans Fabriktor schreibt „Jedermann Zutritt", braucht sich nicht zu wundern, wenn ihm alle mechanischen Wunder abgeguckt werden, er am Ende leer ausgeht, und die Früchte ernten andere. Friedrich Harkort, der auf einer Burg als einer der ersten die Industrialisierung Deutschlands einläutete, ist neben Friedrich Krupp und Franz Dinnendahl der dritte Industriepionier, dem von seinen Ideen am Ende wenig Zählbares geblieben ist, doch ohne den das heutige Land an Ruhr und Rhein, Emscher und Lippe so nicht wäre. Harkort – der Name steht für die erste Fabrik im rheinisch-westfälischen Industrierevier. Bis dahin gab es nur vorindustrielle Handwerksbetriebe.

Am Beginn der Industrialisierung stand eine Burg, die Burg in Wetter. Auf diesem Gelände hat Friedrich Harkort die Region an Rhein und Ruhr tiefgreifend und vor allem nachhaltig geprägt. Friedrich Harkort, 1793 als Sohn eines Kaufmannes geboren, 1880 als gescheiterter, dennoch bedeutsamer Industriepionier, Sozialreformer und Bildungspolitiker gestorben, hat auf Burg Wetter als erster das Modell geschaffen und praktiziert, das später das Land zum „rheinisch-westfälischen Industrierevier" formte: vom Handwerksbetrieb zur Fabrik.

„Fritz Harkort macht uns das Bett und wir legen uns hinein." Eduard Schmidt, Harkorts Freund, deutete das in die Zukunft weisende Wirken Harkorts treffend. Überall entstanden nach dem Vorbild der „Mechanischen Werkstätte" von Harkort auf der Burg Wetter Eisengießereien, Walzwerke, Maschinen- oder

Die Harkortsche Fabrik auf Burg Wetter nach einem Gemälde von Alfred Rethel (1834). Mit Harkorts „Mechanischen Werkstätten" begann das Fabrikzeitalter in Deutschland.

Dampfkesselfabriken. Als wären seine von ihm erdachten und durch ihn erblühten Werkstätten auch Experimentierfeld für andere, als erprobte sein Betrieb neue Verfahren, aus denen später Konkurrenten auf dem Markt Kapital schlugen.

Verheißungsvoll hatte Harkorts Weg vom Handwerk zur Industrie begonnen. Der Kaufmannslehrling Fritz verliebt sich in des Patrons Tochter, eilt jedoch begeistert an die Front, um Europa von napoleonischer Herrschaft zu befreien. Verwundet, wird er hochdekoriert entlassen. Im Alter schreibt er über sein „Sechzehntes westfälisches Landwehrregiment" ein Buch als einen Beitrag zur Geschichte der Befreiungskriege 1813–1815.

Friedrich Harkort ist nicht Stammerbe. Doch er will sich selbständig machen und gründet

erwirbt die Burg und errichtet dort seine „Mechanische Werkstätte", die erste Maschinenfabrik größeren Stils im Ruhrgebiet. Wenig später schließen sich der Finanzier Kamp aus Elberfeld und ein englischer Ingenieur dem Unternehmen an. Gebaut werden vor allem Dampfmaschinen nach englischem Vorbild, selbst die Modelle kommen aus England. Aus dem gelernten Kaufmann Harkort wird der geniale Tüftler und Planer, der jedoch – Franz Dinnendahl ähnlich – mehr an den Fortschritt als ans Geld denkt. Schon Ende 1822 wird Harkorts Fabrik in der Preußischen Staatszeitung als eine der „merkwürdigsten und bewundernswertesten Anstalten Deutschlands" bezeichnet.

Harkort holte sich englische Fachleute, nahm auch windige Gesellen, wenn sie Könner waren. Später gesteht er, er habe „verschiedene meiner Engländer vom Galgen herunterschneiden müssen". Doch Harkort will eigene, deutsche Facharbeiter haben. Der Mann richtet eine Werksschule ein mit systematischer Berufsausbildung – in Deutschland eine vollkommen neue Einrichtung.

Der Bergbau, inzwischen auch von der Maschinenkraft mit Dampf überzeugt, nimmt Harkorts Erzeugnisse gern; der Mann von Wetter wird schärfster Konkurrent von Dinnendahl, dem ersten Konstrukteur einer Dampfmaschine im Ruhrgebiet. Förder- und Wasserhaltungsmaschinen entstehen, aber auch Maschinen für die Textilherstellung, anfangs aber auch Zahnräder, Grabkreuze, gußeiserne Walzen und Treppengeländer, Bügeleisen und Öfen. „Die Maschinen gehören zu den zweckmäßigsten und können den besten englischen an die Seite gestellt werden", lobt die „Preußische Staatszeitung" 1822.

Friedrich Harkort ist das nicht genug. Das Heranschaffen der Materialien von einem anderen Ort, die Produktionsgänge, die der Mechanik vorausgehen, liegen ihm zu weit

eine Ledergerberei, betreibt auch den Kupferhammer am Deilbach bei Essen; heute sind die Relikte Zeugen der Industriegeschichte an der Ruhr.

Eine Folge der Befreiungskriege sind Preußens Schulden. Der Staat kann Burg Wetter finanziell nicht mehr halten. Das ist eine der großen Stunden Harkorts, vor allem jedoch für die Industrialisierung. Harkort

Die Dampfmaschine von Harkort auf Burg Wetter.

entfernt. Zeit vergeht! Harkort will dies alles an einem Ort vereinen. Von der Eisengewinnung und -verhüttung bis zur Verarbeitung faßt er alle Produktionsgänge in der „Mechanischen Werkstätte" zusammen: die erste Fabrik. Diese Tat wirkt bis heute in jeder Manageretage fort. Als erster schuf er die Unternehmensstruktur, die später die großen Konzerne des Ruhrgebietes und überall im Kapitalismus kennzeichnete und heute noch kennzeichnet. Doch Friedrich Harkort hatte eine andere Triebfeder als die der Gewinnmaximierung: Er war davon überzeugt, technischer Fortschritt diene dem Wohl des gesamten Landes.

So rüstet er als erster ein Schiff mit Dampfmaschinen aus. Es ist eine der vielen neuen Unternehmungen eines rastlosen, doch zukunftsweisenden Lebens. 1837 wagt er für die damalige Zeit Ungeheuerliches: Er baut in ein Eisenrumpfboot Maschinenkraft ein. Das Boot befährt nicht nur den Rhein, Harkort läßt es seetüchtig ausbauen, und fährt mit ihm über die Nordsee. Das Boot ankert vor London in der Themse. Und die Engländer vergessen ihre Zurückhaltung, feiern den Mann. In wenigen Tagen ist der Westfale Friedrich Harkort in England ein berühmter Mann. Die Kölner Reederei jedoch schert sich einen Dreck um Ruhm und Ehre. Die bei diesem Schiffahrtsverein auf Kiel liegenden Schiffe Harkorts werden mit Beschlag belegt. Als der Mann aus England zurückkommt, ist er hochverschuldet, sein Unternehmen ist ruiniert.

Nur der Selbstsüchtige verliere, schreibt er als Mahnung später. Und: „Wer seine Zeit begreift, ist reif für die nächste." Die Zeit hat erst spät Harkorts Ideen begriffen. Zu den Gewinnern seiner Zeit gehört dieser Mann nicht. Ein Zeitgenosse urteilte so über ihn: „Friedrich Harkort ist der Heilige Martin unserer Industrie, der Einfachheit wegen gibt er gleich den ganzen Mantel fort." Der Herold des neuen technischen Zeitalters war er gewiß.

„Wir sind nicht auf der Welt, um stillezustehen und zu genießen, sondern um fortzuschreiten."

Friedrich Harkort

Rasch und wohlfeil: die Eisenbahn

Köln-Mindener Eisenbahn-Gesellschaft.

Mit dem **15. Mai c.** ist für die Beförderung von Kohlen und Kokes in Extrazügen von den Stationen **Herne, Gelsenkirchen, Essen, Berge-Borbeck** und **Oberhausen** nach den Stationen **Frankenthal, Ludwigshafen, Maximiliansau** und **Weißenburg** der Pfälzischen Bahnen ein direkter Tarif in Kraft getreten.

Exemplare dieses Tarifs sind in unserem Geschäftsgebäude und auf den genannten Stationen zum Preise von 1 Sgr. pro Stück zu entnehmen.

Köln, den 18. Mai 1866.

Die Direction.

Die Nachwelt flocht lange Zeit einem anderen die Kränze. Friedrich List, so hieß es, habe 1833 mit einer Flugschrift als erster Deutscher auf die Bedeutung einer Eisenbahn hingewiesen. Dabei war es der Tüftler und Erfinder, der Menschenfreund und Visionär, der überzeugte Westfale und überzeugte Deutsche, der unternehmungsfreudige, doch als Unternehmer gescheiterte Friedrich Harkort aus Wetter an der Ruhr, der schon acht Jahre zuvor die wirtschaftliche Revolution durch die Eisenbahn verkündete. Am 30. März 1825 hatte Friedrich Harkort in der Zeitschrift „Hermann" unter der Überschrift „Eisenbahnen. (Railroads)" erkannt: „Durch die rasche und wohlfeile Fortschaffung der Güter wird der Wohlstand eines Landes bedeutend vermehrt, welches Kanäle, schiffbare Ströme und gute Landstraßen hinlänglich bewähren. Größere Vortheile wie die bisherigen Mittel, scheinen Eisenbahnen zu bieten." Denn, so glaubte Harkort, Politikern und Wirtschaftsleuten ins Stammbuch schreiben zu können, „rasche und wohlfeile Transportmittel bilden die Lebensadern der Staaten." Harkort hatte nicht mit den zählebigen Hemmnissen von Vorurteilen und dem Kleingeist in Preußens Grenzen gerechnet.

Seine Zeitgenossen, hoffte er, würden die von ihm aufgezeigten Erfolge der Engländer beim Reiten des Rosses auf Schienenwegen anerkennen. Eine Eisenbahnverbindung von Rheinland und Westfalen mit dem Meer könne das Gewerbe dieses Raumes von holländischer Abhängigkeit befreien: „Man verbinde Elberfeld, Köln und Duisburg mit Bremen oder Emden, und Hollands Zölle sind nicht mehr."

Der Aufruf dieses Aufsatzes verhallte. Zwei Jahre später hatte sich Harkort mit einer Denkschrift an Freiherr vom Stein gewandt, immerhin in den siebziger Jahren des 18. Jahrhunderts in Harkorts Stadt Wetter der Chef des Bergamtes. Doch erst 1830 stimmte der westfälische Landtag Harkorts Plan einer Bahn von Minden nach Lippstadt zu. Bürokratie vor allem war es, die auch diesen Plan hinauszögerte. Wiederum im März, diesmal im Jahr 1833, attackierte Harkort Politiker, Regierungsstellen und Bürokratie mit der Forderung einer „Eisenbahn von Minden nach Köln". Und er verblüffte alle: „Der gemeine Mann reist billiger mit dem Dampfwagen als wie zu Fuße."

Aber auch dieser Plan wurde zunächst nicht in die Tat umgesetzt. Im März 1835 wetterte Harkort über die Engstirnigkeit der Deutschen: „Heute sind es zehn Jahre geworden, als ich im „Hermann" zum erstenmal über Eisenbahnen schrieb. Großes hätte man in

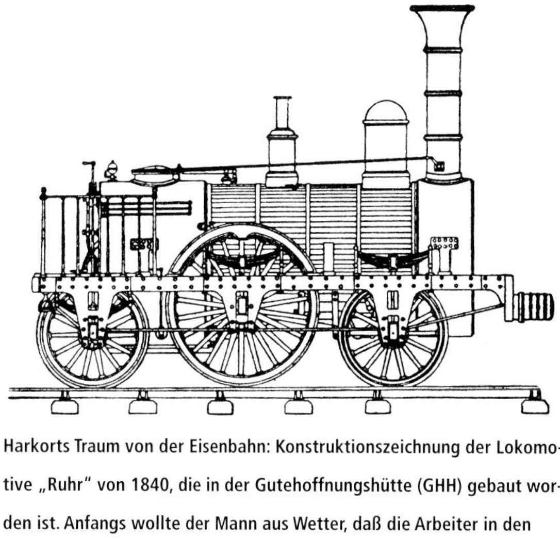

Harkorts Traum von der Eisenbahn: Konstruktionszeichnung der Lokomotive „Ruhr" von 1840, die in der Gutehoffnungshütte (GHH) gebaut worden ist. Anfangs wollte der Mann aus Wetter, daß die Arbeiter in den großen Städten mit Pferdebahnen zu ihren Wohnungen außerhalb der Stadt gefahren werden. Daraus wurde nichts, dafür wurde auf privaten Pferdebahnen Kohle transportiert, beispielsweise auf der Prinz-Wilhelm-Bahn von Steele zum Deilbach und seinen Hämmern.

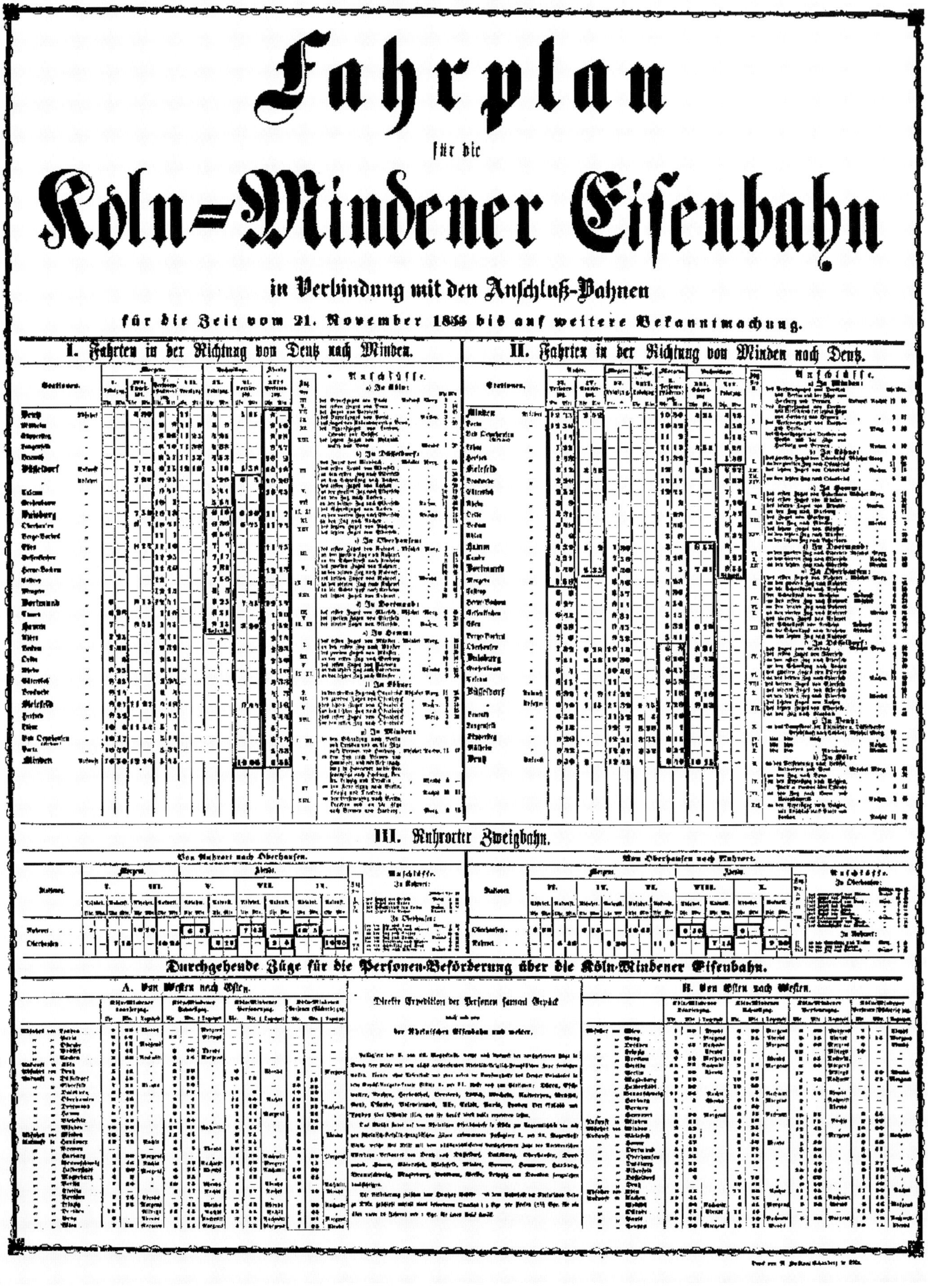

Fahrplan

für die

Köln-Mindener Eisenbahn

in Verbindung mit den Anschluß-Bahnen

für die Zeit vom 21. November 1856 bis auf weitere Bekanntmachung.

I. Fahrten in der Richtung von Deutz nach Minden.

II. Fahrten in der Richtung von Minden nach Deutz.

III. Ruhrorter Zweigbahn.

Von Ruhrort nach Oberhausen.

Von Oberhausen nach Ruhrort.

Durchgehende Züge für die Personen-Beförderung über die Köln-Mindener Eisenbahn.

A. Von Westen nach Osten.

B. Von Osten nach Westen.

Preußen erreichen, alles mit einem Schlage voranbringen können, wenn die Sache damals energisch angegriffen wurde! Statt dessen ist nichts geschehen; wir haben noch nicht eine Meile Bahn, und unsere Nachbarn, das junge Belgien vorauf, schöpfen das Fett von der Suppe. Pfui über unsere unüberwindliche Schlafmützigkeit."

Erst zehn Jahre später, 1845 bis 1847, wurde die Köln-Mindener-Bahn in Betrieb genommen, die später vielen Industrien des erwachenden Ruhrgebietes als wichtigstes Verkehrsmittel diente. Franz Haniel beispielweise ließ den ersten Zollvereinschacht 1847 gerade wegen der Nähe zur Köln-Mindener-Bahn, keine 700 Meter davon entfernt, am Dorf Katernberg bei Essen abteufen. Erst als die Güter schneller als mit Pferdefuhrwerken und mit Kohlenkähnen auf der Ruhr von einem Ort zum anderen gelangten, waren Kritiker davon überzeugt, daß Harkorts Vision von 1825 eine konkrete Utopie gewesen war: „Möge auch im Vaterlande bald die Zeit kommen, wo der Triumphwagen des Gewerbefleißes mit rauchenden Kolossen bespannt ist und dem Gemeinsinn die Wege bahnt."

Arbeit, Bildung, Gewinnbeteiligung

Als die meisten in deutschen Landen danach trachteten, ihre Taschen zu füllen, wollte Harkort auch andere am Gewinn beteiligen. Harkort war einer der ersten, die forderten, auch jene am Gewinn eines Unternehmens teilhaben zu lassen, die ihn erwirtschaften, die Arbeiter. Er forderte für Arbeiter mehr als nur Lohn.

Das war drei Jahre vor der Revolution von 1848. Harkort, überzeugter Protestant, lehnte Gewalt und so auch die Revolution ab. Er hegte den Glauben, eine gerechtere Gesellschaft entstehe durch Evolution. Mit Krupp hatte er korrespondiert, und dessen Gedanken von einem eigenen betrieblichen Sozialsystem kannte er, doch hatte Harkort da bereits ein soziales Sicherungssystem für Arbeiter ausgearbeitet: Kranken-, Altersversorgungs-, Begräbnis-, Hinterbliebenen-, Sparkasse und Schiedsgericht.

In unzähligen Schriften setzte er sich als preußischer Parlamentarier, bereits 1830 war er Abgeordneter geworden, für bessere Lebensbedingungen der Arbeiter ein. Titel einer seiner Schriften: „Bemerkungen über die Hindernisse der Zivilisation und Emanzipation der unteren Klassen." Er klagte an: „Unsere Staatsmänner erziehen den Proletarier in unheildrohenden Massen, die, arm an geistigem und irdischem Gute, in Bildung und Reichtum nur den Feind und Dränger sehen." Und: „Der Arme wird verhindert, Eigentum zu erwerben; deshalb denkt er an Teilung durch physische Gewalt." In seinen Reformprogrammen stand das generelle Verbot der Kinderarbeit ganz oben. 1839 galt es schon als fortschrittlich, Kinderarbeit unter neun Jahren zu verbieten.

Seine Forderungen lesen sich, als wären sie heute entstanden: „Gesunde Wohnungen und billige Nahrungsmittel sind, nächst der Bildung, die Elemente der Wohlfahrt für die unteren Stände. Nach den jetzigen Verhältnissen leistet der Arbeiter gewisse Dinge gegen gewissen Lohn; weiter kümmert ihn weder die Wohlfahrt der Fabrik noch des Unternehmers, außer den festen Löhnen wäre dem Arbeiter ein Antheil am Gewinn zuzugestehen und Fleiß und Thätigkeit würden Wunder tun."

Die Konfrontation mit den „roten Mützen", Sozialisten und Kommunisten, suchte er nicht. Als überzeugter Liberaler glaubte er an die nachhaltige Wirkungskraft des vernünftigen Arguments „mit dem Gesetz in der Hand, nicht mit Pflastersteinen". Doch er fürchtete: „In jedem neugeborenen Armen,

Zu Ehren des Eisenbahnpioniers Harkort wurde ein Schnellzug der Bahn auf seinen Namen getauft. Doch in Wetter, Harkorts Wirkungsstätte, halten nur Regionalzüge. Dr. Dietrich Thier, Wetters Archivar, hält die Industriegeschichte wach.

welcher unwissend bleibt, erwächst der Gesellschaft ein neuer Feind." So forderte er immer wieder Reformen der Volksbildung und der Schule.

Kindern der wohlhabenden Bürgerschicht stehen im preußischen Schulwesen aufgrund des höheren Schulgeldes Gymnasien und Lateinschulen offen. Doch ansonsten sieht es mit der Bildung so wie 1821 in Bochum aus: Ein evangelisches und ein katholisches Schulhaus gibt es. Ein einziger Elementarlehrer soll 424 Kinder unterrichten, doch nur 60 bis 80 Schüler kommen täglich zum Unterricht. Selbst wenn alle Kinder gekommen wären, hätte das geringe Schulgeld nicht zur Lehrerbezahlung ausgereicht. Harkort dazu: „Die kärglichen, bettelhaften Unterstützungen (des Lehrers) sind der edlen Sache unwürdig." Geschenke und Naturallieferungen für den Lehrer müßten aufhören. Er verlangte eine höhere Ausbildung der Lehrer, wollte den Einfluß der Kirche abschaffen und eine Sicherung der Stellung des Lehrers erreichen: „Man hebe endlich den Lehrer aus jenem verderblichen Verhältnis, der Schulmeister des Bauern und der Mantelträger des Pfarrers zu sein; stelle ihn hin als einen Diener des Staates, der mit angemessenen Rechten und Pflichten begabt, seine Saat und seine Tat mit männlichem Selbstbewußtsein überschauen darf, dessen bessere Überzeugung nicht dem Hunger zu weichen braucht." Bildung, das ist für ihn das erste Ziel einer sinnvollen Volkserziehung. Er findet Freunde dafür. Franz Liszt, der damals auf seinen berühmten Konzertreisen auch in Westfalen war, hat in Dortmund und in Iserlohn für den „Verein für die deutsche Volksschule und für die Verbreitung gemeinnütziger Kenntnisse" Konzerte gegeben. Neben der Bildung sei Kultur notwendig, erkannte Harkort. In Kulturlosigkeit sah er die Hauptgefahr für jede Ordnung, aber auch „im schroffen Gegensatz von großem Überfluß und Mangel", der „täglich bedenklicher wird". Er appellierte an die Gesellschaft: „Bessert, hebt, mehrt die Schulen, trocknet durch Unterricht die Quellen der Laster und Verbrechen, dann schreitet fort und lindert die Wunden der Kranken, tröstet das unverschuldete Unglück; gebt der bürgerlichen Gesellschaft ein geistiges Fundament von unten herauf."

In der Unternehmerschaft wurde der Kopf über Harkorts Beharrlichkeit geschüttelt, Gerechtigkeit und Wohlfahrt für die neue Klasse, die Arbeiterschaft, zu erringen.

Lächerlich machen! Das war ein Mittel, seine Forderungen nicht Realität werden zu lassen. So war er den Oberen nicht nur nicht geheuer, sondern sie mokierten sich auch über ihn. Und der Kronprinz diffamierte den vorausschauenden Westfalen als einen „Pumpernickel-Lafayette".

Harkort erkannte die gesellschaftlichen Schäden durch die neu entstandene Industrie. Seine Forderungen lassen sich so zusammenfassen:

1. Verbot jeder Kinderarbeit vor Beendigung der Schulzeit. 2. Ein Arbeitsgesetz, das höchstens 11 Stunden Arbeitszeit und entsprechende Pausen festlegt. 3. Verbesserung der materiellen Lage der Arbeiter. 4. Gute und billige Nahrungsmittel. 5. Gesunde Wohnungen. 6. Pferdebahnen mit billigen Fahrpreisen, damit Arbeiter auch auf dem Lande wohnen können mit eigener Garten- und Feldbestellung. 7. Unterstützung in Krankheits- und Invaliditätsfällen, Krankenkasse für jeden. 8. Gewinnbeteiligung der Arbeiter am Unternehmen.

Alle Wetter, der Zug fährt vorbei

Jährlich ziehen Turner auf den Harkort-Berg. 1864 hatte Harkort einen Arbeiter-Turnverein gegründet. Im 30 000-Einwohner-Ort Wetter, nicht mehr ganz Ruhrgebiet, noch nicht ganz Sauerland, begegnet einem der Name des Industriepioniers überall. Selbst der Kellner in der Eisdiele glaubt: „Harkort war einer von uns." Der Stausee von 1930 ist natürlich der Harkortsee. Ein Kindergarten heißt Harkorthaus. Das Krankenhaus ist in seinem Namen gestiftet worden, das Gymnasium, die Mädchenfortbildungsanstalten... Der Turm auf dem Harkort-Berg heißt natürlich auch so. Nur der ICE, der schnellste Zug der Bahn, mit Namen „Friedrich Harkort", ist in Wetter nicht anzutreffen, saust andernorts. In dem Ort, wo der Mann wirkte, der das Ruhrgebiet auf die Schiene gebracht hat, halten nur Regionalzüge.

Am Todestag Harkorts veranstalten die Lehrer aus Hagen, Lüdenscheid, Schwelm, Wetter und Herdecke einen Fackelzug zum Grab. Immerhin hatte sich Harkort als preußischer Abgeordneter auch für besseres Lehrergehalt eingesetzt. Doch ein Haus mit seinem Namen, in dem Zeugnisse vom Beginn der Industrialisierung im Ruhrland erzählen, gibt es nicht.

Milch statt Stahl

Von Zeit zu Zeit müssen die Harkorts die Türen aushängen. Nicht, daß neue Möbel nicht durch die Türen paßten. Neue Möbel gibt es bei Harkorts nicht, die sind bei denen tabu. Nein, nein, alte werden herausgeschafft – Ausstellungsstücke für Museen, manchmal die Tür selbst.

Die Erben Harkorts leben immer noch im selben Haus: Das Herrenhaus von Gut Schede, bereits in Herdecke gelegen, ist ein Traum, gottlob aber kein Museum. Hausherrin Elisabeth Fleischer-Harkort komplimentiert zwei wandelnde Bettvorleger aus dem Zimmer, seltsame Hunde, die behäbig, doch freundlich, gemächlich durchs Haus tappen. Die Hausherrin hat zu tun: Milchlisten warten. Haus Schede ist seit dem 9. Jahrhundert landwirtschaftliches Gut. Heute ist die reine Harkort-Milch weit bis ins Münsterland begehrt.

Zum Gut gehören 200 Hektar Forstbetrieb und 50 Hektar landwirtschaftlicher Nutzfläche, sagt die Nichte des Ururonkels Friedrich Harkort. Als das Eisen noch glühte, das Geschäft mit Stahl noch blühte, waren Gießer, Walzer, Former und Maschinisten die fleißigsten Milchtrinker. Die eigenen ebenso wie fremde Stahlwerke nahmen die Milch von Harkorts Gut ab. Heute kommen die Bestellungen von Reform- und Krankenhäusern.

Etwa nur noch Milch bei den Erben von Harkort? Keine Produktion mehr, die entfernt etwas mit Eisen zu tun hat? Rolf Fleischer-Harkort betreibt ein Unternehmen für Maschinen zum Greifen und Heben anderer Maschinen in allen Industriezweigen. Die beiden heutigen Harkorts haben sich auf dem Gymnasium kennengelernt. Schwer zu sagen, wer stolzer auf die Familientradition ist, sie, die geborene Harkort, oder er, der eingeheiratete Fleischer. Stolz sagt er: „Wir tragen den Bindestrichnamen Fleischer-Harkort gemeinsam."

In jungen Jahren hätte sie schwer an diesem Namen getragen, den in Wetter und Umgebung jeder kennt, gesteht sie. „Ach, der See gehört Dir. Die Stadt auch? So ging das jeden Tag." Die Peinlichkeit der Jugend ist dem Gefühl stolzer Pflicht gewichen, Geschichte lebendig zu halten. Er: „Wir müssen den Kindern begreiflich machen, welche bedeutenden Ereignisse hier stattgefunden haben."

Hier, auf Gut Schede, im silbrigen Grau ungemein schlanker Buchenwälder, haben sich die Harkorts vom Kampf mit dem Werkstoff Stahl erholt. Versteckt zwischen diesen Buchen sind sie begraben: Fritz, der bekannte Industriepionier, neben Peter Nicolaus Harkort, seinem Onkel, der ihm oft aus der Patsche geholfen hat, wenn Fortschrittsglaube den Geldbeutel zum leeren Sack gemacht hatte. Neben dem Onkel zwischen den Buchen wollte der Industriepionier begraben sein.

Für Grubenholz hatte Peter Harkort, der Begründer der Harkortschen Linie von Haus Schede, den Wald bewirtschaftet. Heute wacht seine direkte Nachkommin darüber, daß der Wald weiterhin einer der wenigen anerkannten Saatgutwälder bleibt. Jogger werden nicht ungern gesehen: Elisabeth Fleischer-Harkort, Lehrerin, ist Schulsportberaterin. Beim jährlichen Familientreffen besehen auch andere Nachkommen kritisch die schlanken Bäume: Harkorts aus Dortmund, Hagen, Essen, Frankfurt; Ingenieure, Hüttenfachleute, TÜV-Sachverständige...

Manchmal ist auch Tante Liselotte dabei, Liselotte Funcke, ehemals Ausländerbeauftragte der Bundesregierung. Sie, die Liberale, könnte sich sehr gut auf das liberale Gedankengut ihres entfernten Vorfahren berufen. Die Funckes, Hagen und Wetter: Eisenwarenfabrikanten, Schrauben haben sie hergestellt. Großvater Hermann Harkort verliebte sich in Elisabeth Funcke – eine schöne Frau, dem Schönen zugetan. Da wären wir wieder bei der ausgehängten Tür.

Karl-Ernst Osthaus, der Sammler, Anreger, Stifter, Museumsgründer, Kulturpionier im Ruhrgebiet, und Elisabeth Harkort, geborene Funcke, kannten sich gut. In den Jahren 1904 und 1905 ließ die junge Industriellengattin die Innenräume von Haus Schede neu gestalten. Osthaus empfahl die Künstler. Zur Zeit des Jugendstils entwarf Henry van de Velde zwei Zimmer im Ornamentenstil. Alles im Raum ist einbezogen worden: Kamin, Stuckdecke, Bücher, Teppiche, Tür und Türgestelle. So sind die Zugangstüren auf der Außenseite jeweils in der alten Form um die Jahrhundertwende 1800 zu bestaunen, doch innen glänzen sie im reinsten Jugendstil.

In der nordwestlichen Ecke vom Obergeschoß hat der damalige Leiter der Kunstschule Düsseldorf, Peter Behrens, einen „Blauen Salon" entworfen. Durch die halbkreisförmige Fensterfront ist eine Landschaft wie aus vergangenen Jahrhunderten zu sehen – wenn nicht der Landrover vor der Tür stände. Im nächsten Tal wohnen die Springorums, auch so ein großer Gründername des Reviers, Hoesch in Dortmund, Bochum und so, die... ach, lassen wir das, sonst hört die Geschichte der großen Namen im Ruhrtal nie auf.

Gründer & Erben

Mulvany

Ein Ingenieur aus Irland war Westfalens Schatzgräber

William Thomas Mulvany 1806 – 1885

Krupp – der Name ist Begriff. Grillo – da setzt verstärktes Nachdenken ein. Mulvany? Den kennen nur Eingeweihte. Doch gerade der Ire Mulvany, der 1855 am Dörfchen Gelsenkirchen die Steinkohlezeche „Hibernia" begründete, war derjenige, der als Planer und Organisator großen Stils zum Sprecher der rheinisch-westfälischen Wirtschaft wurde und zum Pionier vorausschauender Wirtschaftspolitik an Rhein und Ruhr.

Hans Spethmann, der bedeutende Geograph des Ruhrgebietes, nennt diese drei: Krupp, Grillo und Mulvany als die herausragendsten Persönlichkeiten der Gründerzeit des Ruhrgebietes. Während Alfred Krupps Erfolge ihn zum Unternehmertypus des Frühkapitalismus schlechthin machten, Friedrich Grillo Werk auf Werk gründete und andere von der Wirtschaftlichkeit größerer Betriebseinheiten überzeugte, plante William Thomas Mulvany Verkehrswege für das Revier, rief seine Kollegen immer wieder an den Verhandlungstisch, wurde zur prominentesten Figur der eisenschaffenden Industrie an der Ruhr. Mehrere industrielle Verbände, die auf ihn zurückgehen, gewannen weit über die Jahrhundertwende an Bedeutung.

Der irische Wasserbauingenieur und Wirtschaftspolitiker in Deutschland William Thomas Mulvany, heute kaum bekannt, erkannte die Kohlenschätze von Westfalen. Er war 48 Jahre alt, als er nach Deutschland kam. Der Steinkohlebergbau zog in diesen Jahren von der mittleren Ruhr nach Norden in Richtung Emscher. In Gelsenkirchen errichtete Mulvany seine erste Schachtanlage „Hibernia". Die Gewerken dieser Zeche waren fünf Irländer und ein Belgier, unter ihnen allein drei Malcomsons. Mulvany hieß eigentlich Thomas O. Mavil Mheana; Mulvany ist die englische Verballhornung seines Namens.

Das Ruhrgebiet hat ihm vor allem die Musteranlagen des Bergbaus zu verdanken und die Bündelung gemeinsamer Kohleinter-

Mit Mulvanys Zeche „Hibernia" begann der Siegeszug der Kohle nach Norden.

essen. Düsseldorf dagegen verdankt diesem Mann weitaus mehr. Zusammen mit dem Bankier Trinkhaus und dem Handelskammerpräsidenten Bloem gründete er den Düsseldorfer Börsenverein. Entscheidende Wirtschaftstagungen und industrielle Organisationen holte er nach Düsseldorf oder regte sie an. So wurde auch wenige Tage nach seinem Tode geurteilt: Der Hof und Musensitz Düsseldorf wandelte sich durch diesen Iren zur Residenz der rheinisch-westfälischen Industrie. Mulvany, der Ausländer ohne Amt und Titel, wurde ihr Repräsentant.

Tatsächlich: Wäre dieser Ire nicht gewesen, der Schreibtisch des Reviers hätte nicht in Düsseldorf gestanden. Am 17. März 1855, an St. Patricksday, dem Nationalfeiertag der Iren,

läßt Mulvany in Gelsenkirchen den ersten Spatenstich für die Steinkohlezeche „Hibernia" tun. Das geschah unweit einer Bretterbude, der Bahnstation Gelsenkirchen. Gelsenkirchen? Ein Kirchspiel von 97 Häusern. Doch in der Erde lagen Schätze. „Ich erkannte sofort, welch wunderbare Reichtümer hier unter der Erde liegen." Diese Erkenntnis Mulvanys wird zum Segen für den Aufstieg des Ruhrgebietes.

Dem Bergwerk „Hibernia", lateinisch Irland, läßt Mulvany die Schächte unter dem irischen Zeichen, dem Kleeblatt, folgen: „Shamrock" in Wanne-Eickel, später „Erin" (Irland) in Castrop-Rauxel. Diese drei Bergwerke werden Musteranlagen des Ruhrgebietes und Vorbilder für nachfolgende Zechengründungen.

Das Ruhrgebiet hat diesen Gründerpionier einem Zufall zu verdanken. Schon in jungen Jahren war der gebürtige Dubliner als Ingenieur zum Königlichen Kommissar für öffentliche Arbeiten, vor allem Wasserbau, in Irland berufen worden. Dann stürzt die britische Regierung. Eine Folge: Des Königs Kommissare werden in den Ruhestand versetzt, egal wie jung sie sind. Mulvany ist einer von ihnen. Da war er 48 Jahre alt.

Bergwerksgesellschaft Hibernia

GAS- UND GASFLAMMKOHLE, CANNELKOHLE, FETTKOHLE, COKES, THEER, AMMONIAK.

Prämiirt mit Ehrendiplom (höchste Auszeichnung)
auf den internationalen Ausstellungen zu Amsterdam 1883 und Antwerpen 1885.

Herne, den 17 Juli 1894

18/7 94

Herrn
Bürgermeister Breidenbach,

Hibernia-Briefkopf Ende des 19. Jahrhunderts.

Die erste Schachtanlage „Shamrock", irisch Kleeblatt, in Wanne-Eickel als Postkarte. Die Postkartenhersteller schrieben fälschlich „Schamrock". Für diese Zeche kam 1967 das Ende. Grubenfeld und Übertageanlagen gingen an das Bergwerk „General Blumenthal" in Recklinghausen. „Hibernia" wurde bereits 1925 stillgelegt, die Grubenfelder wurden an die Gelsenkirchener Zechen „Consolidation" und „Dahlbusch" verpachtet, für „Erin" kam das Ende 1983; auf dem Gelände entsteht ein Gewerbepark.

Es war das Jahr 1854. Das Land der roten Erde, Westfalen, wird von findigen Unternehmern des Auslandes beobachtet: Kohlen werden dort gefunden. Da müsse sich noch mehr finden lassen. Mulvanys Freund, der Brüsseler Kaufmann van der Maeren, will in Westfalen Bergwerke gründen. Er sucht einen Fachmann. Die Zwangspensionierung Mulvanys kommt wie gerufen. Zusammen fahren beide nach Westfalen. Mulvany beginnt mit dem Studium der geognostischen Karten. Im Oberbergamt Dortmund ist er täglicher Gast. Am Ende faßt er seine Erkenntnisse zusammen: „Die Leute wissen nicht, was sie haben." Er ist erstaunt, nahezu empört über die Leichtfertigkeit, mit der westfälische Bauern Land für vermeintlichen Vorteil hingeben, ohne die Schätze unter ihrer Scholle zu ahnen. Vieles andere verblüffte den Iren, beispielsweise schüttelte er über das schlechte Verkehrswesen den Kopf: „Ich hatte gesehen, wie mangelhaft ihre Eisenbahn, wie unvollständig ihre Kanäle und Transportmittel belastet waren."

Mulvany wollte dies und anderes ändern. Doch zunächst wollte er eine gut funktionierende Kohleindustrie aufbauen. 1854 war die erste Besichtigung mit seinem Brüsseler Freund in Westfalen. Ein Jahr später ließ Mulvany „Hibernia" abteufen. Was danach folgte, das war atemberaubend. Wie andere

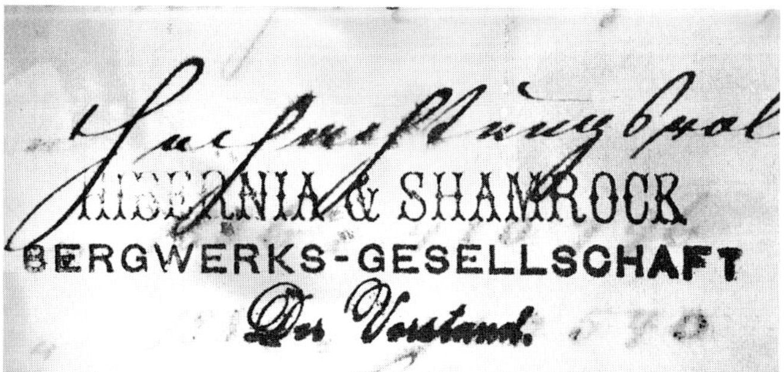

Gründer auch, hatte Mulvany Fachleute aus England nach Gelsenkirchen geholt. Der letzte von ihnen, Maschinist George Laverick, starb 1913 in Gelsenkirchen. Mit der Einführung des Tübbingverfahrens, Schachtauskleidung mit gewaltigen eisernen Ringen und nicht mehr mühsam ausgemauert, ging der Bergbau schneller nach unten. 1865 beschäftigten „Hibernia" und „Shamrock" 1 230 Männer. In anderen Zechen arbeiteten im Höchstfall 180 Bergleute. In 25 Jahren Tätigkeit des Iren Mulvany im Ruhrgebiet stieg die Kohleförderung von drei auf 20 Millionen Tonnen jährlich.

Doch Mulvany fühlte sich durch Gesetze eingeengt. Zusammen mit anderen, unter ihnen Franz Haniel, saß er im Vorstand des 1858 gegründeten Bergbauvereins. Er begann gegen das Geflecht der Bahntarife anzukämpfen, die den Transport und damit den Absatz der Kohle behinderten. 1 375 unterschiedliche Tarife gab es damals bei den Eisenbahnen. 1877 hatte der irische Unternehmer Erfolg. Ein Reformtarif trat in Kraft. Weitere drei Jahre später gewann Mulvany den Kampf um die Tarife. Auf deutschen Bahnen werden Einheitstarife eingeführt. Kohle, Koks und Briketts haben die niedrigsten Tarife. In dieser Situation wird der Mann von der britischen Insel zum deutschen Unternehmer: Er fordert gegen den Import englischer Kohle Schutzzölle.

Neben seiner Tätigkeit als Unternehmer agitiert er unermüdlich für die Wahrnehmung gemeinsamer Interessen der Wirtschaft im rheinisch-westfälischen Raum. „Das erste Bedürfnis Deutschlands, dem ich mich widmete, war die Vermehrung seiner Verkehrsmittel zu Wasser und zu Lande, das zweite die Ermäßigung der Transportkosten. Dann kam die Ausfuhr an die Reihe, dann der Bau moderner Dampfschiffe." Es scheint so, als habe der Mann kein wirtschaftspolitisches Problem ausgelassen. Auf ihn geht die Grün-

Das Ende einer Mulvany-Gründung: Übertageanlagen der Schachtanlage „Erin" in Castrop-Rauxel werden gesprengt.

Sie bestimmte einst das Wirtschaftsleben von Castrop-Rauxel: Die Mulvany-Zeche „Erin", von der heute nur noch das Fördergerüst steht.

dung eines der wesentlichsten Vereine zurück, durch die aus den vielen Industrien eine wirtschaftliche Einheit geworden ist: „Verein zur Wahrung der gemeinsamen wirtschaftlichen Interessen im Rheinland und Westfalen." Er ist der Vorläufer heutiger Interessenverbände. Kanzler Bismarck mäkelte: „Langnamverein." Dreizehn Jahre lang hat der Ire Mulvany diesen deutschen Verein geführt.

Bis auf den Essener Bergbauverein hatten jedoch alle wichtigen von ihm gegründeten Institutionen bis hin zum ersten deutschen „Kohlentag" ihren Sitz in Düsseldorf. Und auch seine Villa lag in Düsseldorf. Fluß und Gärten in Düsseldorf-Pempelfort hätten ihn an Dublin erinnert, wo er am 11. März 1806 geboren wurde. Doch er, später sogar Ehrenbürger von Gelsenkirchen, richtete für seine englischen Arbeiter in Gelsenkirchen eine Kulturgemeinde ein. Es gab Schulunterricht für englische Kinder. Und in einem Raum der Zeche oder in einer Wirtschaft wurde englischer Gottesdienst gehalten. Die englische Kolonie in Gelsenkirchen ist nur noch eine vage Erinnerung. Selbst die Grabsteine der Engländer auf dem Friedhof der ehemaligen Weststraße sind nur noch Relikte: Englische Fliegerbomben haben ihnen im Zweiten Weltkrieg schwer zugesetzt. Am 30. Oktober 1885 starb dieser Pionier des Ruhrgebietes in Düsseldorf. Die letzten 30 Jahre war er der erste Pendler zwischen Düsseldorf und dem Revier.

Mulvany war kein Manager im heutigen Sinne, aber er war auch kein Technokrat. Die soziale Not der Arbeiter in Irland kränkte ihn, bescheinigten ihm Zeitgenossen. Das klagte er auch öffentlich an. Und die Armut der deutschen Arbeiter empörte ihn gleichfalls. Doch sah er die Welt im wesentlichen unter wirtschaftlichen und industriellen Gesichtspunkten, so daß die soziale Bewegung den Fortschrittsgläubigen nicht erreichte. Menschenfreundlichkeit, die ihm attestiert wurde, schien ihm zu genügen. Der hemmungslose Expansionsdrang des 19. Jahrhunderts hat wohl auch ihn weitgehend bestimmt.

Glocken von Westminster läuteten am Rhein

Wer den Namen Mulvany sucht, muß zum Düsseldorfer Nordfriedhof gehen. Dort liegen sie: Vater, Sohn William Thomas, der bedeutende, doch kaum bekannte Wirtschaftsführer, die Schwester Annabella, der Bruder Robert...

In Dublin, woher sie kamen, gibt es Mulvanys wie Steine an Irlands Küsten, ähnlich wie Müllers und Krauses in Deutschland. Doch Verwandte, Nachkommen des Gründers aus dem Ruhrgebiet, die gibt es auch dort nicht.

Bis Juni 1943 erinnerte ein von hohen Bäumen umgebenes, efeuberanktes anglikanisches Gotteshaus in Düsseldorf an den Stifter Mulvany. Ausgerechnet englische Flieger bombten das Idyll in Flammen. Fünf Jahre vor seinem Tod hatte der Ire diesen Bauplatz erworben. Sohn Robert und Schwester Annabella hatten die Kirche 1900 errichten lassen. Bei festlichen Anlässen ahmte sie das Geläut des Glockenspiels der Westminster-Abbey nach.

„Christ-Church" und Mulvany-Schlößchen (dort, bei Mulvany, trafen sich die Reichen und die damalige große Gesellschaft) über-

Die Mulvany-Säule im Garten der Christ-Church in Düsseldorf.

„Die leibliche Verpflegung war den einfachen, fast dürftigen Verhältnissen entsprechend nach heutigen Begriffen herzlich schlecht, denn Fleisch war kaum zu kaufen, und so kann es nicht Wunder nehmen, daß die englischen Arbeiter – an Fleischnahrung gewöhnt – den Ersatz der Letzteren durch Gemüse, Brot, Speck und allenfalls Eier ungenügend empfanden und deshalb schwer zu halten waren."

B. Schultz-Briesen in „Erinnerungen eines alten Bergmannes" aus dem Jahr 1904.

standen den Zweiten Weltkrieg nicht. Die anglikanische Kirche mit dem Mulvany-House, dem Gemeindezentrum, befindet sich heute an der Rotterdamer Straße in Düsseldorf. Im Vorgarten steht weiß und einsam eine Marmorsäule mit Mulvanys bärtigem Schädel.

Einige Straßennamen im Ruhrgebiet und in Düsseldorf noch – wenige Spuren dieses Giganten der Gründerzeit. Dann noch sein Bild im Gelsenkirchener Erlebnisrestaurant „Hibernia". Dunkles Bier, ein bißchen Irish Pub. „Cheers, Sir Mulvany! Man hat Sie vergessen."

Des Ministers grüne Krawatte

Immer im März wunderte sich die Bonner Ministerrunde: Seebohm trägt schon wieder eine grüne Krawatte und am Jackett steckt schon wieder ein grünes Kleeblatt.

Der Verkehrsminister der Bundesrepublik Deutschland, Dr. Hans-Christoph Seebohm, hat es nie an die große Glocke gehängt. „Mein Vater war ein großer Mulvany-Fan", sagt sein Sohn, Dr. W. T. M. Seebohm, Philosophie-Professor in Mainz. Am St. Patricksday legte Vater Seebohm die grüne irische Krawatte an und schmückte sich mit dem irischen Kleeblatt. Wie sehr der CDU-Politiker Seebohm den großen Iren verehrte, ist an den Namen der Kinder und Enkelkinder abzulesen. „Unser Vater führte die alte irische und englische Sitte wieder ein, den Namen der Mutter als second initial zu tragen. So heiße ich William Thomas M. Seebohm, M wie Mulvany", sagt der Philosoph.

Sir William Thomas Mulvany hatte eine Tochter Mary. Ein Düsseldorfer Kaufmann Seebohm heiratete sie. Das Ehepaar hatte zwei Söhne. Einer davon war Seebohms Großvater. Industriepionier Mulvany ist also Seebohms Urgroßvater mütterlicherseits.

Daß Seebohm Mulvany so sehr verehrte, hat nicht nur damit zu tun, daß ein Seebohm-Vorfahre die Quäker-Kolonie in Bad Pyrmont begründete, sondern vor allem mit der Tradition der Bauern- und Bergmannsfamilie Seebohm aus dem nordwestböhmischen Braunkohlegebiet. Bergassessor Seebohm hatte die Egerländer Bergbau AG übernehmen sollen, deren Vorsitzender er seit 1939 gewesen war. Der Zusammenbruch Deutschlands 1945 machte dies zunichte.

Gründer & Erben

Haniel

Duisburger Handelsherr ging als erster in die Tiefe

Franz Haniel 1779 – 1868

Aletta Haniel, geborene Noot (Haniels Mutter) 1742 – 1815

Pionier des modernen Ruhrbergbaus und Handelsherr aus Duisburg: Franz Haniel.

Das Kohleschürfen nannte er „Liebhaberei". Doch es muß eine Leidenschaft gewesen sein. Als der für Schachtarbeiten zuständige Steiger im Februar 1834 erklärte, man sei mit den Bohrarbeiten von Schacht „Franz" im Kohlenhangenden angekommen, seufzte Franz Haniel: „Wenn es doch erst die Kohlen selber wären!" Ohne Franz Haniels Leidenschaft wäre der Bergbau nicht in die Tiefe gegangen und nordwärts in die Emschermulde gezogen. Das rheinisch-westfälische Industriegebiet ist auch durch seine Kohleschürferei expandiert. Am Anfang des Reichtums des Landes Nordrhein-Westfalen, durch Kohle und Stahl aufgebaut, stand Haniels Wagemut. Franz Haniel war eine der prägenden Unternehmergestalten der Gründerzeit der Schwerindustrie an der Ruhr.

Für seine Liebhaberei wurde Haniel 1858 Ehrenmitglied des „Vereins für bergbauliche Interessen". Der 79jährige Handelsherr war zu dieser Zeit größter Bergwerksbesitzer und

Koksproduzent, aber auch der führende Kohlenhändler. Zwar ist sein Name mit der Hütte zur guten Hoffnung in Oberhausen-Sterkrade verbunden, der Wiege der Ruhrindustrie, doch war Franz Haniel vor allem ein Bergbaupionier.

Und doch hat es 100 Jahre gedauert, bis ihm diese Ehre auch von der Nachwelt erwiesen worden ist. Ausgerechnet seinem scharfen Konkurrenten Mathias Stinnes wurde die Pioniertat zugeschrieben, den ersten Mergelschacht abgeteuft zu haben. Mergel – hartnäckig, als wäre es Eisen, so liegt diese Erdschicht über der Kohle und hielt die Kohlegräber an der Ruhr lange auf.

Den Weinhändler- und Spediteurssohn, 1779 geboren, schien auch das nicht zu schrecken, auch nicht die Wassermassen über dem Mergel. Als Kaufmann sah er Absatzchancen in Holland, da sich das Kohleland Belgien von den Niederlanden losgelöst hatte. Obendrein rechnete er mit einem größeren Handelsspielraum durch den Deutschen Zollverein in einem Land ohne Binnenzölle. Deshalb hatte er 1847 dem ersten der beiden Zollverein-Schächte diesen Namen gegeben. 1834 wurde die Freihandelszone des Deutschen Zollvereins gebildet, die politisch auf die Vereinigung der deutschen Staaten hinführte und ökonomisch den Durchbruch der Industrialisierung vorbereitete.

Im Dorf Katernberg, damals noch mit „C" und „m" geschrieben, wollte er den ersten Pioniertaten weitere zufügen. Mit Schacht „Franz" südlich von Borbeck hatte seine Gesellschaft als erste mit Dampfmaschinenkraft die Mergeldecke durchstoßen und – das war das wichtigste – mit Dampfmaschinenkraft das Wasser abgepumpt. Über Jahre zog

Als die Kohle noch die Parole der Industrie war: Neubau der Verbindungsbahn zwischen den Zollverein-Schächten 1/2 und 3/10 und 4/5 im Juli 1922.

sich die Arbeit hin, senkrecht durch die Mergeldecke endlich zur Kohle zu gelangen. Und dann fraß auf einmal die Dampfmaschine soviel eigene Kohlen, daß der Schacht auch wegen Unrentabilität aufgegeben werden mußte. „Kronprinz" schließlich, 1837 niedergebracht, war erfolgreich als erste fördernde Mergelzeche.

Doch die Großtat sollte „Zollverein" werden. Um 1830 war es allen Fachleuten bekannt, daß die Steinkohle (die im Ruhrtal „zu Tage streicht", wie es bergmännisch heißt, wenn die Kohle waagerecht an den Ruhrhän-

Der alte Franz Haniel im Familienkreis, hochgeehrt und von allen im aufstrebenden Ruhrgebiet geachtet.

gen abgebaut werden konnte) nordwärts der Städte Essen, Bochum, Dortmund, Unna sozusagen unter die Mergeldecke tauchte. Ruhrgebietsgeograph Hans Spethmann analysierte die damalige Aufgabe so: „Es war klar, daß mit dem Niederbringen der Mergelschächte große Gefahren verbunden waren und sie vor allem auch erhebliche finanzielle Mittel erforderten. Die ersten ihrer Art mußten ein Stück Pioniertat darstellen. Im Falle eines Gelingens würden sie dem Ruhrbergbau einen neuen Weg in die Zukunft weisen. Der Mann, der zuerst diese Tat vollbrachte, war Franz Haniel".

Haniel tat nichts unüberlegt. Die Köln-Mindener-Bahn, endlich die neue Eisenbahn, führte an dem Gebiet vorbei, in dem Kohlevorkommen vermutet wurden. Kötter, Bauern, Kaufleute, Lehrer, Holzhändler hatten Kuxe (Anteilscheine) erworben, um dort gemeinsam das Unternehmen zu beginnen. Haniel sah in der Bahn und in der möglichen Kohle eines nahen Bergwerks die Gelegenheit, für die Gutehoffnungshütte eigene Kohlen zu bekommen, Kauf- und Transportkosten zu sparen. „Zollverein" sollte seine Hüttenzeche werden. Der Kaufmann Haniel wollte von anderen Bergwerken unabhängig sein.

Mit der Kutsche kam er immer nach Katernberg. Nahe des Kapitelbergs im Nachbarort Stoppenberg ließ er an einem Hof anhalten, jedesmal, bat um ein Glas Milch oder Wasser. Erst beim Lindenschmid stieg er aus, zog sich Holzpantinen an und stapfte durch den Unrat eines Bauern-Handwerker-Hofes in die gute Stube des Lindenschmids. Und dort hat er mit allen Gewerken, vor allem mit dem Bauern Bullmann über dessen Aue verhandelt, unter der die Kohle lag. Die Reste vom Hof des Lindenschmids sind unter der ersten Halde der Zeche „Zollverein" begraben. Straßennamen künden von den damaligen Ereignissen: Haldenstraße und Bullmannaue.

Der Plan, „Zollverein" zur Hüttenzeche zu nehmen, klappte nicht. Die Haniel-Kinder waren nicht so unternehmungsfreudig wie der Vater und wollten mit der Kohle Geld und kein Hochofenfeuer machen. Franz Haniel plante um. Die Zeche „Oberhausen", eine seiner vielen Zechengründungen, wurde zur eigenen Hüttenzeche. Doch mit „Zollverein" war der Beweis erbracht, daß auch in Emschernähe abgeteuft und Kohle geschürft werden konnte.

Bis ins hohe Alter schien den Mann die Lust am Wagnis nicht zu verlassen. Mit 72 Jahren riskierte er erneut, Neuland zu betreten: 1857 ließ er im wasserreichen Gebiet des linken Niederrheins „Rheinpreußen" abteufen. Das Gelingen dieses industriellen Abenteuers erlebte er nicht. Haniel starb 1868. Vier Jahre später erst traf die Bohrmannschaft im zweiten Rheinpreußen-Schacht auf das Kohlegebirge.

Und doch wurde über 100 Jahre die Pioniertat dieses Mannes einem anderen zugeschrieben. Erst 1947 wies der schon erwähnte Ruhrgebietshistoriker Hans Spethmann akribisch nach, daß Haniel als erster unter die Mergeldecke gegangen ist. Bis dahin war die Ehre Mathias Stinnes und seinem Bergwerk „Graf Beust" in Essen unter Mithilfe von Ernst Gotthilf Honigmann gegeben worden. Doch schon 1933 waren die ersten Zweifel an dieser Geschichtsschreibung laut geworden. Als Geschworener des Essen-Werdenschen Bergamtes und Betreuer der Hanielzechen hatte Honigmann genug des Wissens angehäuft, aus dem später Stinnes Honig saugen sollte. Honigmann heuerte bei Stinnes an und gab diesem seine Bohr-Kenntnisse aus Haniel-Zeiten preis. Kein Bergbaupionier, mehr ein Bergbauspion.

Bevor die Kohle kam: ein ländlicher Flecken

Von der Bauernschaft zum Industriestadtteil: Im Ausschnitt aus einer Karte von 1803/06 der Bauernschaft „Catermberg" ist in der Mitte links der Hof der Bauern Bullmann verzeichnet (damals noch mit „o"), auf dessen Gelände später Franz Haniel den ersten Schacht seines Bergwerkes „Zollverein" abteufen ließ. Heute erinnern die Straßenbezeichnung „Bullmannaue" daran (die Straße führt heute auf das Gelände der beiden ersten Schächte des Bergwerkes „Zollverein") und viele Bullmann-Familiennamen in dem Essener Stadtteil. Schon früh hatte Haniel Kontakt zu Katernberg. Ein Kohlenbrenner aus dem Trierer Raum erklärte 1831, er habe von 1803 bis 1806 für die St. Antony-Hütte in Osterfeld in Kuhlhoffs-Büschen in Katernberg Holzkohle gebrannt, die für die Eisenschmelze eingesetzt worden war. Haniel hatte 1808 mit Gottlob Jacobi, seinem Schwager, und Heinrich Huyssen die damals wichtigen drei Hütten zur Gutehoffnungshütte zusammengefaßt. Erst 1843 wurde der Holzkohle-Hochofen auf der St. Antony-Hütte stillgelegt. Über den Holzkohlenmeiler ist Haniel auf die Kohlevorkommen in Katernberg gestoßen. Rechts ist der Hof Lindenschmid eingezeichnet. Dort hat Franz Haniel die Kaufverhandlungen geführt und die Vorkehrungen zum Abteufen des ersten Schachtes getroffen. Die Reste dieses Hofes sind unter der ersten Halde des Bergwerkes begraben, die heute noch an der Haldenstraße an der Grenze Essen-Stoppenberg/Katernberg liegt. Im Zweiten Weltkrieg 1939–1945 haben hunderte von Menschen in Tunneln in dieser Halde Fliegerangriffe überstanden. Russische Kriegsgefangene und Zwangsarbeiter mußten dieses Tunnelsystem

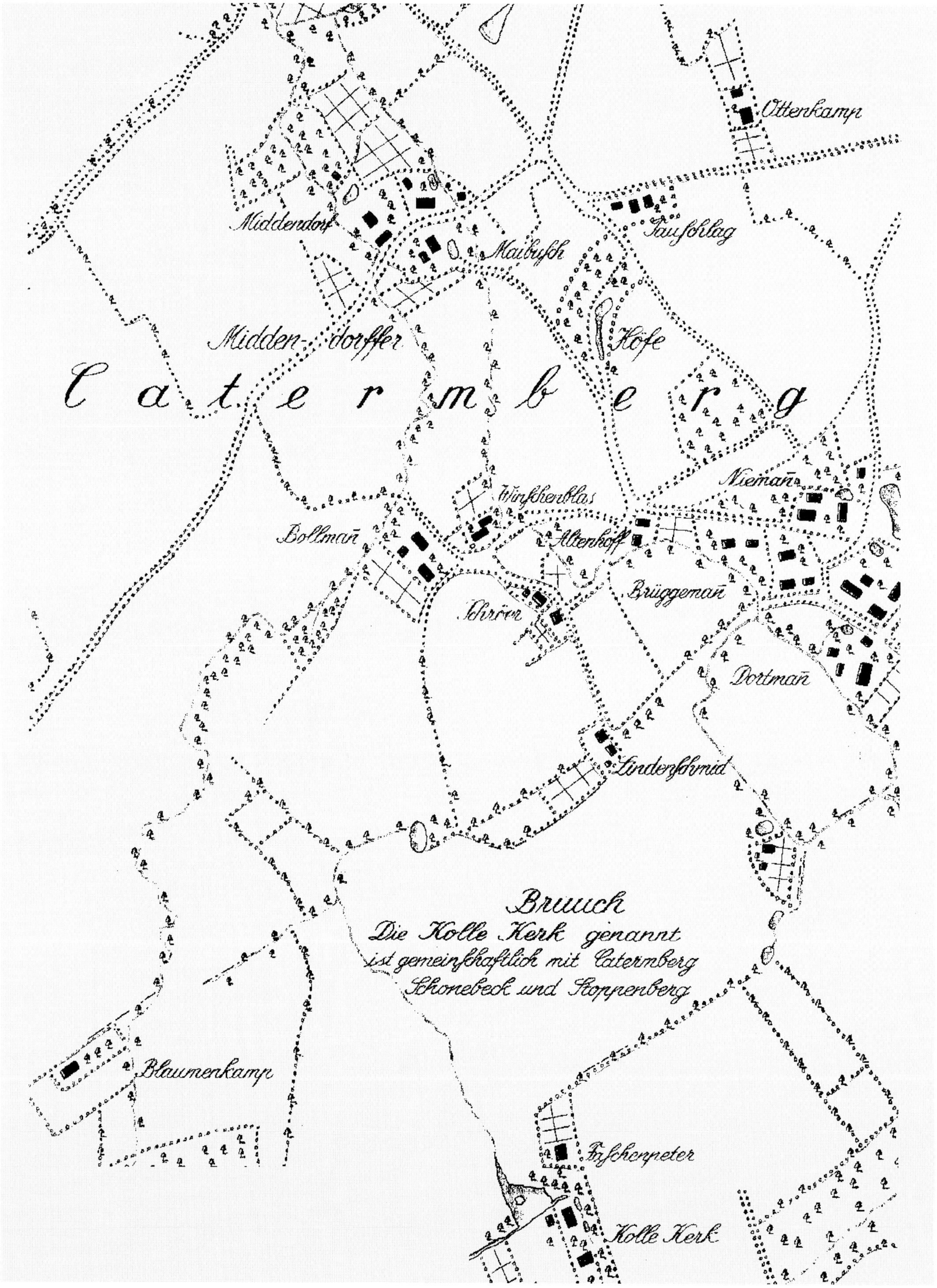
Ottenkamp
Middendorf
Taufschlag
Maibusch
Midden- dorffer
Hofe
Catermberg
Nieman̄
Bollman̄
Altenhoff
Brüggeman̄
Schrör
Dortman̄
Linderschmid
Bruuch
Die Kolle Kerk genannt
ist gemeinschaftlich mit Catermberg
Schonebeck und Stoppenberg
Blaumenkamp
Kolle Kerk

in bergmännischem Ausbau errichten, in dem sie selbst nicht vor den Fliegerbomben Schutz suchen durften.

Mit einem Kuß in die Freiheit

Immer wird von den Gründervätern gesprochen. Dabei haben ihre Frauen, oft auch ihre Mütter, entscheidenden Anteil am Neubeginn. Vor Franz Haniel und seinem Bruder Gerhard waltete ihre Mutter mit praktischem Sinn.

Der Vater von Aletta Noot war der „Packhaus"-Erbauer Jan Willem Noot in Duisburg. 1761 heiratete Aletta Noot den Duisburger Weinhändler Jacob Wilhelm Haniel. Elf Kinder gebar sie in 20jähriger Ehe. Doch als ihr Mann starb, lebten von dieser Kinderschar nur noch vier. Mit zweieinhalb Jahren war Franz der Jüngste; doch gerade der jüngste Sohn machte Karriere und wurde zum unternehmerischen Vorbild an Rhein und Ruhr.

Seine Mutter wußte, wie man eine Sache anpackt. Zum Wein- und Kolonialhandel fügte sie ein Speditionsgeschäft. Ihre Kinder ließ sie vor allem in Sprachen und Kunst unterrichten, sie selbst sprach fließend französisch. In auswärtigen Speditionskontoren sollten die jungen Haniels gute Kaufleute werden. Mit den Gütern von überall war die eigene Firma für die Jungen eine fantastische Welt. Das Packhaus war „bis unterm Dach mit kostbaren Sachen angefüllt und wir außerdem noch viele Lagerräume miethen mußten", schrieb später Sohn Franz.

Mit dieser Frau wurden aus den Kolonialwarenhändlern auch Kohlenhändler. Sie gründete den Kohlenhandel und knüpfte die Kontakte zu den entstehenden Eisenhütten des aufstrebenden Ruhrgebietes. Franz und Gerhard Haniel haben auf ihrer Mutter Werk aufgebaut.

Unternehmungsfreudig: Aletta Haniel, geborene Noot, die Mutter von Franz Haniel. Sie knüpfte den Kontakt zur Kohle.

Hübsch, mutig, weitschauend und fruchtbar war diese Gründerfrau. Überliefert ist eine Rettungstat von ihr durch einen Kuß. Französische Truppen hatten Vater Noot als Geisel genommen. Die Mutter und die sechzehnjährige Tochter Aletta fuhren zu einem französischen Prinzen, um für den Vater zu bitten. Der Prinz sieht das Mädchen und hat nur noch Augen für sie. Von Aletta angetan, sagt er des Vaters Freiheit zu, unter einer Bedingung: Die Sechzehnjährige muß den Prinzen küssen. Aletta nickt. Der Prinz küßt. Der Vater ist frei.

Herr Itzenblitz regte sich auf

Manchmal wird auch das Tafelklavier angeschlagen. Als wolle der junge Franz mit Friederike ein Tänzchen wagen. Doch das Stübchen ist zu klein, die Gegenstände zu kostbar, daß Dr. Weber-Brosamer dies gestattete.

Die Herrschaften haben fein gelebt. „Wer eines Kommerzienrates Töchterlein gewinnen wollte, mußte die französischen Tänze können", meint Haniel-Museumsleiter Dr. Weber-Brosamer. Gründer Franz Haniel griff nicht zur spitzen Kontorfeder, er nahm auch Querflöte und Geige zur Hand. Er und sein Bruder hatten Geschmack. So nahmen sie sich zwei feine Frauen, jeder heiratete eine Tochter des Kommerzienrates Huyssen aus Essen.

Das Haniel-Museum in Duisburg ist ein seltsames Museum. Den Vergleich mit heimatgeschichtlichen Sammlungen braucht es nicht zu scheuen, im Gegenteil, es übertrifft viele bei weitem. Und doch ist es nicht öffentlich. Wer die Firmen-Gründungs-Urkunde mit der Unterschrift vom Alten Fritz, Preußenkönig Friedrich der Große, bestaunen will, sich über die verwandtschaftlichen Verflechtungen durch Heirat mit englischen und belgischen Unternehmungen, damals die größte Konkurrenz für deutsche Kohle und deutsches Eisen, informieren will, wer in dickleibige

Haniel und der Duisburger Hafen – ein Begriff: Inselwerft Ruhrort mit Lagerhäusern kurz nach 1900.

Todes-Anzeige.

Tiefgebeugt beklagen wir den Verlust unserer unvergeßlichen, theuren Gattin, Mutter, Großmutter und Urgroßmutter

Frau Geheimrath Haniel,

Friedrike geborene Huyssen.

In seither kräftiger Gesundheit wurde sie uns heute Nachmittags gegen 3 Uhr im 83. Lebensjahre, im 62. Jahre ihrer glücklichen Ehe, umgeben von den Ihrigen, nach nur zweitägiger Erkrankung durch den Tod entriss.n.

Ruhrort, den 12. Dezember 1867.

Die trauernden Hinterbliebenen.

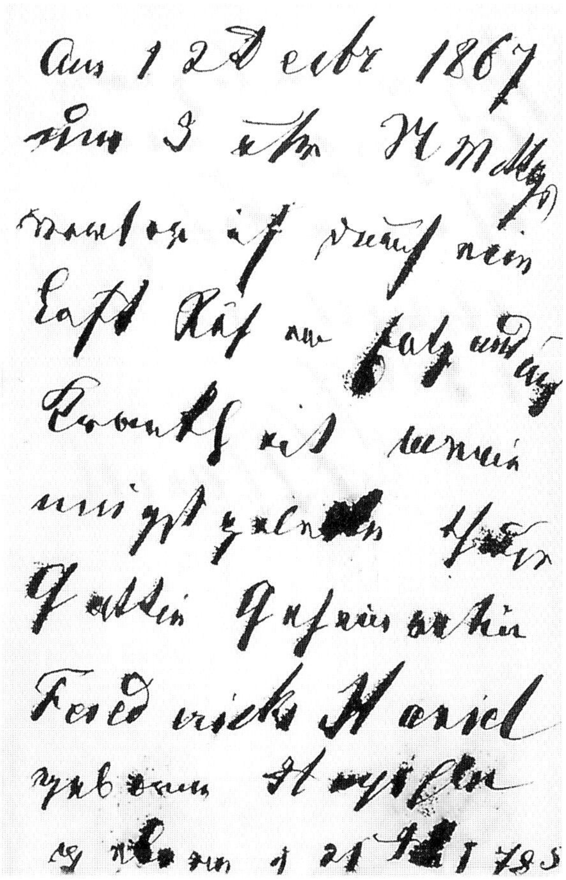

Die letzte Eintragung Haniels aus seinem Taschenkalender: Notiz vom Tod seiner Frau.

Kontobücher Hanielscher Bergwerke schauen will, der muß sich anmelden.

Besucher dürfen auch die originalgetreue Kopie des preußischen Staatsministers Itzenblitz belächeln, der 1864 dem alten Haniel schrieb: „Ich möchte Euren hochwohlgeborenen Sohn Hugo zum Kommerzienrat vorschlagen. Aber wie steht es mit seiner politischen Gesinnung? Ich habe erfahren, daß er für die Fortschrittsmänner gestimmt hat?" Der Itzenblitz hat sich umsonst um das Staatswohl gesorgt. Kanzler Bismarck, wahrlich kein Ausbund eines Fortschrittsmannes, entließ den Minister, da er ihm doch zu konservativ gewesen ist. Hugo Haniel dagegen wurde sogar außerordentlicher Kommerzienrat.

Außer seiner immens großen unternehmerischen Tätigkeit hat Franz Haniel auch gesellschaftspolitisch gewirkt. Er setzte sich entscheidend für den Ausbau des Ruhrorter Hafens ab 1820 ein, forcierte den Straßenbau ab 1830 und den Bau von Eisenbahnen, z. B. die Strecke Ruhrort-Oberhausen, die 1848 vollendet wurde. Im Unternehmen Jacobi, Haniel & Huyssen gründete er 1832 die

„Unterstützungs-Casse der hiesigen Arbeiter", eine ähnliche 1847 für sein Ruhrorter Handelshaus. 1844 richtete er eine Werkssparkasse ein. 1897 wurde der „Beamten-Pensions-Verein" sowie der „Consumverein Gute Hoffnung" in Sterkrade eingerichtet. 1844 baute das Unternehmen die werkseigene Siedlung „Eisenheim" in Oberhausen-Osterfeld, die erste ihrer Art mit den ersten regulären Arbeitergärten hinterm Haus. In dieser Siedlung begann in den sechziger Jahren des 20. Jahrhunderts auf Initiative von Prof. Dr. Roland Günter die Bewegung, Arbeitersiedlungen, später Bürgerhäuser zu erhalten unter dem Motto „Rettet Eisenheim".

Vom Pütt zur Pille

Was hat der Bergbaupionier Franz Haniel mit Stoffhandtuchspendern und Kalksandsteinen gemein? „Der Mann hat doch auch erst mit Wein und Kolonialwaren gehandelt", sagt ein heutiger Haniel-Mann, der am Firmenporträt zeichnet. Tatsächlich gehört die Zentralwäscherei der CWS International für die neuen Bundesländer in Leipzig ebenso zum Firmenbild wie 1850 die Waschkaue des Bergwerkes „Zollverein" in Katernberg vor den Toren von Essen. Von den Aktivitäten des Bergbaupioniers ist quasi nur noch die Binnenschiffahrt geblieben.

Die Freude über das gelungene Abteufen, mit dem Schacht auf kohleführende Flöze gestoßen zu sein, war unendlich groß. Von diesem Ereignis im April 1834 im Falle des Schachtes „Franz" wird berichtet, daß eine größere Festlichkeit stattgefunden habe in einem separaten Tanzzimmer, wobei Haniel anschließend unter anderem 17 Kannen Branntwein und eine größere Zahl zerbrochener Gläser zu bezahlen hatte.

Welche Zustände in den dreißiger Jahren des 19. Jahrhunderts im Ruhrgebiet herrschten, ist an vielen Gesuchen abzulesen, die Franz Haniel erhielt. Immer wurde der Handels- und Zechenherr gebeten, sich an Bohrarbeiten zu beteiligen. Ein Beispiel dafür ist der Bittbrief eines Lehrers vom 15. August 1833:

„Erlauben Ew. Wohlgeboren, dass ich so frei bin, Ihnen mit Vertrauen, Liebe und Wohlwollen entgegen zu kommen und Sie freundschaftlich auffordere, an vorteilhaften Spekulationen gütigst Teil zu nehmen, wozu Sie die geeignetesten Mittel in Händen haben. Das Glück Ihrer Kinder kann dadurch bis auf die fernesten Zeiten auf feste Basis gebracht werden. Glück auf! Ich weiss Wege, wie Sie leicht an herrliche Kohlenbergwerke mit reicher Ausbeute kommen können. Ich gehe viel mit den Herren vom Oberbergamte um, und bekomme viel zu sehen, besonders die Karten der Zechen, was ein anderer nicht gewahr wird. Genug, ich habe ein großes Feld mit Flözen gefunden in einer Gegend, wo der reichste Absatz ist und wo in Jahresfrist alles wegen des Bedürfnisses in Betrieb kommt. Zwei Mutungen habe ich bereits. Ich bedarf einen Mann zum Beistand, der Geld und Unternehmungslust besitzt und – deshalb wende ich mich an Sie. Vor Stollen, Schürfen, Dampfmaschinen – auf alles muß man gefaßt sein – habe ich Angst. Für die zu wagenden Versuchsarbeiten will ich Ihnen gerne einen großen Teil vom Werke übertragen, ich bin mit dem Wenigen zufrieden, zumal da das Werk wegen seiner Lage und wegen der vermutlich vielen und starken Flöze viel einbringen wird. Ferner weiss ich herrliche Anteile von Leuten zu kaufen, die Geld benötigt sind und keinen Wagegeist besitzen, und bei denen ich im Vertrauen stehe. Sachkenner, so wie ich, werden Ihnen raten, hier zu kaufen. Ehe die Dampfmaschine erforderlich ist, kann das Kapital heraus sein. Überhaupt sind hier viele Anteile unter der Hand, gleichsam belauernd zu kaufen. Ich wohne zwei Stunden von Bochum."

Es war einmal: Haniel-Kohlenhandel nach 1945; das Bild zeigt die Haniel-niederlassung Augsburg.

Doch erfolgreich wie Franz Haniel damals ist das Unternehmen heute auch: Franz Haniel & Cie. GmbH, 33 000 Mitarbeiter, die stolze Summe von 29 Milliarden Mark Umsatz. Doch außer der Binnenschiffahrt stellt sich Haniel heute vollkommen anders dar als zu Gründers Zeiten. Unter dem Dach der strategischen Führungsholding am Franz-Haniel-Platz in Duisburg-Ruhrort sind sechs eigenständige Unternehmensbereiche vereinigt sowie Beteiligungen an anderen Großfirmen.

CWS International AG, in der Schweiz ansässig, erwirtschaftet mit Waschraumhygiene und Schmutzfang-Matten 500 Millionen Mark Umsatz. Edelstahlrecycling von ELG Haniel GmbH, Sitz Duisburg, erreicht einen Umsatz von rund zwei Milliarden Mark. Haniel Bau-Industrie GmbH und Haniel EnviroService GmbH sowie Haniel Reederei-Holding GmbH liegen beim Umsatz unter einer Milliarde Mark und sind im Verhältnis zum Pharmariesen Haniel klein. Die Gehe AG, in Stuttgart residierend, macht als Pharmagroßhandel einen Umsatz von deutlich über 24 Milliarden Mark.

Zu je einem Drittel ist Haniel beteiligt an der Metro VVKG, die Hauptaktionär der Metro AG ist, sowie an der Thyssen-Haniel Logistic GmbH. Vom Weinhändlersohn, der auf Kohle, Koks, Eisenverhüttung und Schifffahrt setzte, zum Pillenhändler mit Schmutzfang-Matten – welch ein Weg. Doch ein ungemein ertragreicher.

Trennung von Kapital und Management

Familienunternehmen gibt es viele. Doch Haniel ist ein Sonderfall. Dr. Dieter Schadt, Vorstandsvorsitzender von Haniel & Cie. GmbH klärt auf: „Haniel ist seit über 240 Jahren Familienunternehmen. Die Zahl der Gesellschafter beträgt 420, die der Familienmitglieder 930 Personen." Als Repräsentant des Kapitals sind acht Gesellschafter Mitglied des 16köpfigen Aufsichtsrates von Haniel. Die anderen acht Mitglieder sind Arbeitnehmervertreter. „Das Besondere ist, daß kein Familienmitglied im Management von Haniel vertreten ist", sagt Dr. Dieter Schadt. „Aber auch in allen anderen Bereichen scheiden Unternehmen der Haniel-Gruppe als Arbeitgeber für Familienmitglieder aus. Wir haben eine klare Aufgabenteilung. Haniel wird geprägt von einer dezentralen Organisation mit marktnah geführten Unternehmensbereichen und strategischen Führungs- und Kontrollfunktionen der Holding mit dem Vorstand an der Spitze. Die Familie entscheidet über die Besetzung der obersten Führungsebene."

Diese Trennung von Kapital und Management haben die Haniel-Kaufleute zum zentralen Grundsatz gemacht. Er steht nirgendwo, doch seit 1917 wird er strikt durchgehalten. Ein zweiter ungeschriebener, doch erfolgreicher Firmengrundsatz: Rendite geht vor Expansion, Kapitalbildung vor Gewinnausschüttung. Mit diesen Grundsätzen sei das Unternehmen so gut gefahren, „daß wir das Kapital der Haniel-Gesellschafter mehren und unsere Eigenkapitalquote immer bei rund einem Drittel halten konnten."

Da läßt es sich gut eine große Familie sein. Einmal im Jahr ist es auch so: Treffen in Duisburg-Ruhrort, Familie und Gesellschafter-Versammlung. Auf dem Dachboden des historischen Speichers lauter Haniels. 1997, zum 241jährigen Bestehen, gab es eine Ausnahme. Die Haniels gingen an einen der Orte ihres Firmengründers und Giganten des Ruhrgebietes zurück: Da wurde auf „Zollverein" in Essen-Katernberg gefeiert. Viele Familienmitglieder sind heute Betriebswirte und Kaufleute, andere Landwirt oder Unternehmer. Keiner säße zu Hause und warte auf die Dividende, erklärt ein Sprecher des Unternehmens. Einer ist Maler, einer ist Wissenschaftler. Und einer ist ein von Haniel. Rudolf von Haniel ist Nachfahre des Dr. John Eugen Louis Haniel († 1912), den der deutsche Kaiser wegen dessen Verdienste als Landrat von Moers adelte. Im Gegensatz zu vielen anderen Fällen ist es den Haniels gelungen, ihr Unternehmen im Familienbesitz zu bewahren. Nicht die Familie, sondern der Konzern mit dem Namen Haniel steht im Blickpunkt der Öffentlichkeit. Die Franz Haniel & Cie. GmbH erwirtschaftet mittlerweile zwei Drittel von Umsatz und Ergebnis im Ausland. International aktiv, informiert ein umfangreicher, dreisprachiger Geschäftsbericht über die Haniel-Gruppe.

Sicherlich trägt das Engagement für die Weiterbildung des Managements zum Erfolg bei. Die moderne Stahlglaskonstruktion der Franz Haniel Akademie am Firmensitz in Ruhrort mutet an, als hätte das nächste Jahrtausend längst begonnen. Förderung der Führungskräfte wird groß geschrieben. Und dennoch: Zurückhaltung scheint Stil des Hauses zu sein. Ein Zeichen für gesellschaftliches Engagement ist die gemeinnützige Haniel Stiftung zur „Wahrnehmung des Unternehmertums in der Gesellschaft" und zum „Brückenbau zwischen Wirtschaft und Öffentlichkeit".

Gründer & Erben

Stinnes

Von der Ruhr in die Welt

Mathias Stinnes 1790 – 1845

Von der Ruhr in die Welt: Mathias Stinnes, der Mülheimer Reeder.

Ungewollt hat Stinnes am neuen Europa mitgewirkt. Stinnes Flotte hat Feldmarschall Blücher und seinen Soldaten einen schnellen Übergang über den Rhein ermöglicht. In Waterloo hat Blücher mit anderen Napoleon geschlagen und damit Europa von einem seiner ersten Diktatoren befreit.

Im Winter 1813/14 hatte Blücher Rhein-Schiffe von Stinnes beschlagnahmt und sie so miteinander vertäuen lassen, daß sie als Brücke über den Fluß funktionierten. Obwohl einige Schiffe bei diesem Manöver versanken, kamen Blüchers Soldaten bei Kaub schneller als geplant über den Rhein in Richtung Belgien, wo sie sich später mit den Soldaten des Engländers Wellington zur Schlacht gegen Napoleon vereinigten.

Mit dem Kohlenschiffer Mathias Stinnes beginnt der Weg einer großen, aber tragischen Familiengeschichte. 1808 hatte er mit seinen drei Brüdern auf die neue Energiequelle gesetzt: In Mülheim gründeten sie eine Kohlenhandlung. Da war der Mann gerade 18 Jahre jung. Mülheim hatte just die Stadtrechte erhalten. Nur zwei Jahre später beginnt die Firma Math. Stinnes mit einem Ruhraak, jenem windbetriebenen und durch Pferde über Seile gezogenen Transportschiff, Kohlen über die Ruhr zu befördern.

Es wurde ein gutes Geschäft. Und der junge Kaufmann Stinnes verfolgte den Lauf der Zeiten genau. Dampf trieb das 19. Jahrhundert vorwärts. Doch für dampfbetriebene Schiffe war die Ruhr zu klein. Stinnes errichtete in Ruhrort eine Werft. Von dort betrieb er schließlich regelmäßig befahrene Schiffahrtslinien. Stinnes war der erste Linienreeder, ein Wasserstraßenpionier. Zwölf Jahre nach Eröffnung des eigenen Geschäftes besaß der Mann bereits eine eigene Flotte: 66 Stinnes-Kohlenschiffe befuhren Ruhr und Rhein. Und wieder beobachtete er genau die neuen Techniken. Friedrich Harkort hatte 1837 mit einem dampfbetriebenen Eisenrumpfboot Rhein und Nordsee befahren. Stinnes sah, wie dieser Neuerer wegen fehlender Finanzkraft und rücksichtsloser Geschäftspartner scheiterte. Der Kohlenhändler und Reeder Stinnes wartete ab. 1844, sieben Jahre nach Harkorts Scheitern, läßt Mathias Stinnes den ersten Schlepper einer deutschen Dampfschiffflotte, von Wetter und Hochwasser unabhängig, in Dienst gehen. Der Mann wußte, was seine Tat bedeutete: „Mathias Stinnes I" nannte er stolz das Schiff, in Rotterdam gebaut, 350 PS stark, für 40 000 Zentner Ladung ausgelegt. Der erste Dampfkahn wurde sofort eine Legende: „Dä ohlde Mattheis" nannte ihn der Volksmund.

Ende der dreißiger Jahre des 19. Jahrhunderts hatte Stinnes bereits die Zukunft geplant. Für die Dampfschiffe brauchte er natürlich Kohlen. In Essen gründete er die Gewerkschaft „Graf Beust", danach „Victoria Mathias". Als er 1845 in Mülheim starb, wo er 1790 geboren worden war, besaß die Firma Math. Stinnes vier eigene Zechen und war an 36 Bergwerken beteiligt.

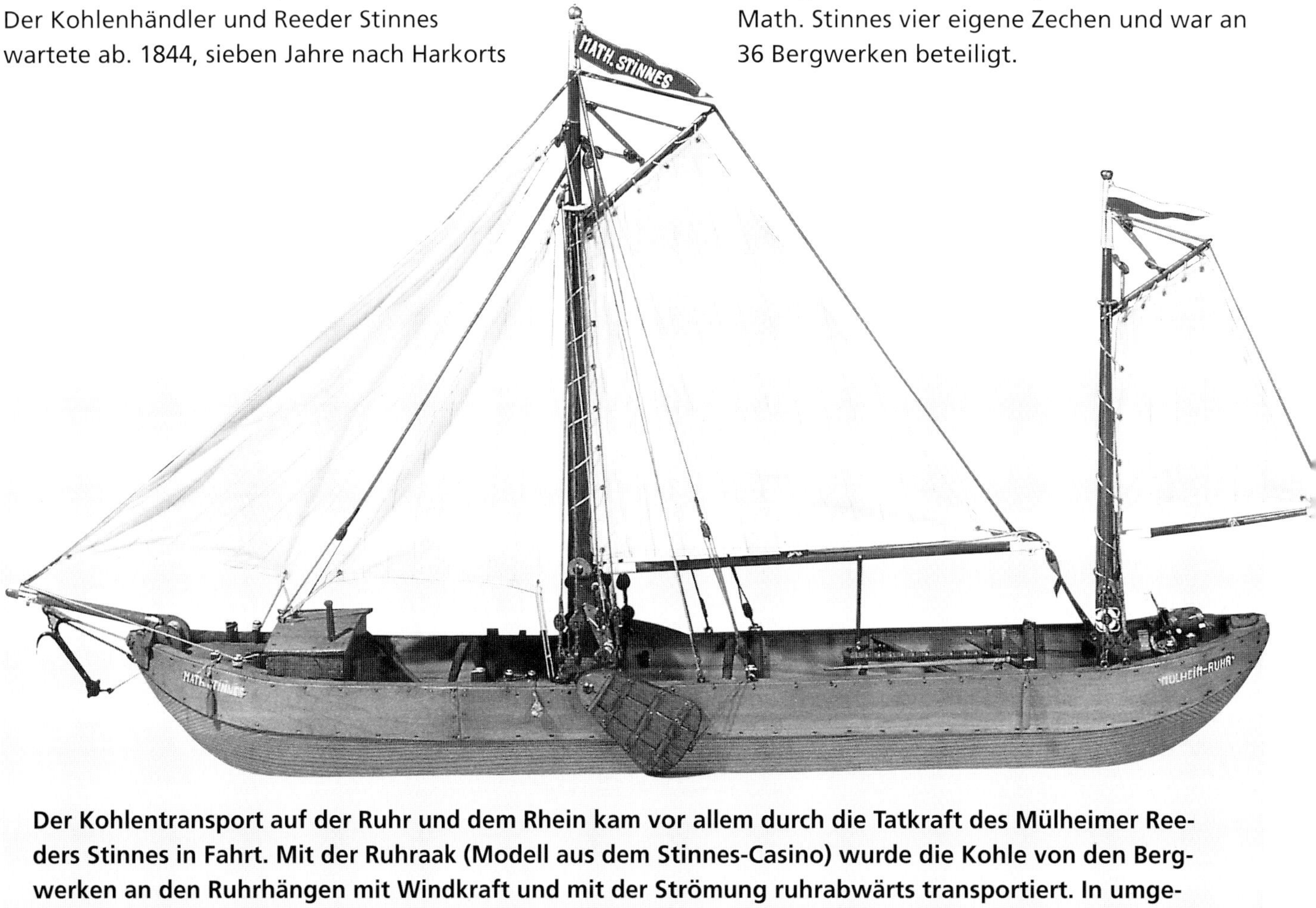

Der Kohlentransport auf der Ruhr und dem Rhein kam vor allem durch die Tatkraft des Mülheimer Reeders Stinnes in Fahrt. Mit der Ruhraak (Modell aus dem Stinnes-Casino) wurde die Kohle von den Bergwerken an den Ruhrhängen mit Windkraft und mit der Strömung ruhrabwärts transportiert. In umgekehrter Richtung wurden die Schiffe an Seilen mit Pferdekraft über die Leinpfade getreidelt. Die Eisenbahn löste diesen ersten Kohlentransport ab, der am Beginn des Ruhrgebietes steht.

Von den Milliarden zum Minus

Hugo Stinnes sen.
1870 – 1924

Hugo Stinnes jun.
1897 – 1982

Hugo Stinnes auf dem Gipfel der Macht zu Beginn der zwanziger Jahre am Steuer eines seiner Dampfschiffe.

Der unaufhaltsame Aufstieg und Fall des Hugo Stinnes – in Abwandlung des Titels eines Brechtstückes ließe sich die sagenhafte Geschichte eines Wirtschaftsunternehmens so sehen: tragisch, doch nahezu folgerichtig. Hugo Stinnes sen. baut ein Wirtschaftsimperium ohnegleichen auf, Hugo Stinnes jun. wird zum Bankrotteur ohnegleichen. Was Hugo Stinnes sen. aufgetürmt hatte, trug ihm sogar die Sympathien der Sozialisten ein: Minister Severing nannte ihn vor dem preußischen Parlament einen der hervorragendsten Männer der deutschen Wirtschaft, dem alle Achtung entgegenbringen sollten. Spekulativ und geschickt, wie er mit Geld und Macht jonglierte, ließ Stinnes 1922 sogar ein Schiff auf den Namen des Gewerkschaftsführers Carl Legien taufen.

Doch was er Witwe und Söhnen hinterlassen hatte, war ein so komplizierter Unternehmensverband, den wohl nur er mit seinem phänomenalen Gedächtnis zu lenken verstand. Ein industrielles Herzogtum, so nann-

Hugo Stinnes zusammen mit Reichspräsident von Hindenburg.

Konzerngründer Hugo Stinnes mit seiner Familie 1917 (von links): Die Söhne Edmund und Ernst, Mutter Cläre, die Töchter Cläreonore und Else, Sohn Otto, Vater Hugo, Tochter Hilde, dahinter stehend Lieblingssohn Hugo jun.

ten es Bewunderer wie Kritiker. Doch er verstand es nicht, es auf so gesunde Füße zu stellen, daß es ihn auch überdauerte. Nach ihm ging alles bergab. Eine Kapitalismus-Story ohne Beispiel: Aufstieg über den Börsenhimmel hinaus, Absturz in den Bankrott.

Gleichwohl ist der Name legendär geworden und hat an Klang nichts eingebüßt. Es war ein Meisterstück deutscher Nachkriegswirtschaft, den Namen Stinnes und die Reste des Imperiums 1957 aus den USA nach Deutschland zurück zu holen. Heute lebt der Name im Unternehmensverband wieder international anerkannt und erneut milliardenschwer.

Die einen bewunderten Hugo Stinnes sen. in den zwanziger Jahren als „König von der Ruhr". Andere schmähten ihn: „Alles schluckt er, alles frißt er." Doch mit seinem Namen ist der erste deutsche Multikonzern verbunden.

Der Großvater Mathias, Mülheimer Großreeder, wurde vom Enkel Hugo in Finanz- und Machtfülle übertroffen. Zwar ist Hugo St., wie auch in Familienkreisen von ihm gesprochen worden ist, nicht zum Inbegriff der goldenen zwanziger Jahre geworden, doch in den Inflationsjahren steckte auch sein Erfolgsgeheimnis. Die Menschen raunten: Halb Deutschland gehöre ihm. Und als er 1924 mit 54 Jahren nach einer Operation starb, wurden seine Milliarden nur staunend geschätzt: Ein oder zwei, vielleicht sogar noch mehr?

Bergwerke, Reedereien, Papier- und Zellstoffabriken, Erdölunternehmen und Handelsketten... Die kommunistische Zeitung „Rote Fahne" reimte:

„Alles hat er schon am Bandel
Autos, Werften, Kohlenhandel,
Grandhotels, Parteien, Minister,
Alles schluckt er, alles frißt er,
Von dem Rohstoff bis zur Zeitung
Alles unter seiner Leitung."

Zielscheibe der Karikaturisten. Zum Tode von Stinnes sen. ließ die satirische Zeitschrift „Simplicissimus" Petrus sagen: „Stinnes kommt. Jetzt heißt's aufpassen. Sonst gehört ihm in 14 Tagen der ganze Betrieb."

Der Beginn dieser Ansammlung von wirtschaftlicher und gesellschaftlicher Macht liegt vor dem Ersten Weltkrieg, als er gemeinsam mit August Thyssen, gleichfalls Mülheimer Großindustrieller, selbst die Finanzwelt verblüffte. Mit 22 Jahren war er aus dem Familienunternehmen ausgestiegen – sogar im Lebensalter dem Großvater Mathias nacheifernd. 50 000 Goldmark hatte die Mutter Adeline zugeschossen, damit sich der Sohn selbständig machen konnte. Wie der Großvater setzte der Enkel auch auf die Kohlen und deren Handel. Hatte Mathias noch mit den legendären Ruhraaks die begehrten schwarzen Steine auf der Ruhr zum Rhein transportieren lassen, so setzte Hugo auf Dampf. Hugo Stinnes sen. stieg auf zum größten Binnenschiffer. Filialen seines Unternehmens in den USA in unterschiedlichsten Branchen komplettierten sein Imperium. Werke der

Stinnes-Ozeandampfer und Leben unter Deck auf einem Rheinschiff.

Elektroindustrie, Metallunternehmen, Maschinenbaufirmen... Hugo Stinnes nahm und übernahm alles, kaufte und häufte Werk auf Werk. Wenn heute der Strom aus der Steckdose kommt, muß ihm das Verdienst gelassen werden: Auf den König von der Ruhr geht die Gründung des Rheinisch-Westfälischen Elektrizitätswerkes, RWE, zurück.

Und doch schien schon zu seinen Lebzeiten der Riß ins Mauerwerk des riesigen Finanzgebäudes zu kommen. Daß bereits 1923, also ein Jahr vor seinem Tode, das Unternehmen nach der Konsolidierung der Reichsmark in Liquiditätsschwierigkeiten geraten war, schmälerte

jedoch nicht das gewaltige Erbe, das er hinterlassen hatte: 1 535 Betriebe mit 2 888 Betriebsstätten und 600 000 Arbeitern.

Der alte Hugo ist in die deutsche Wirtschaftsgeschichte als die Berühmtheit eingegangen, mit seinem Imperium den Weg aufgezeigt zu haben, wie unter einem Firmendach unterschiedliche Branchen erfolgreich untergebracht werden können: ein Multikonzern, geführt von einem Multimilliardär. Sohn Hugo erlitt das Schicksal einer tragischen Figur, Vaters Geld nicht nur nicht vermehrt, sondern am Ende auch nicht einmal mehr zu haben. Als 1971 die „Hugo Stinnes Transozean Schiffahrt GmbH" durch Illiquidität endete, war auch das Ende des Familien-Imperiums gekommen.

1925 hatte sich dieses Ende bereits angedeutet. Vater Hugo hatte seinen Lieblingssohn Hugo mit 16 Jahren zum Nachfolger schulen lassen. Mit 18 wurde der Sproß frühzeitig für volljährig erklärt und der Vater erteilte ihm Einzelprokura. Der Sohn wurde Privatsekretär des Vaters. Drei Jahre später starb der Vater und Hugo Stinnes jun. wurde Herrscher über 1500 Unternehmen. Es kommt zu Differenzen mit dem älteren Bruder Edmund (1980 in Ascona gestorben); sie werden durch das probate Mittel einer Abfindung bereinigt. Doch ins Reine mit dem komplizierten Konzern kommt der Juniorchef nicht. Das Unternehmen gerät mehr und mehr ins Trudeln; die Familienstreitigkeiten tragen ein gerüttelt Maß dazu bei.

Stinnes jun., da bereits millionenfach verschuldet, wird zum Politikum. Reichsbankpräsident Hjalmar Schacht habe das Vertrauen in die deutsche Wirtschaft nicht gefährden wollen, wird berichtet, so helfen Großbanken die Stinnes-Krise zu bannen – doch nur für kurze Zeit. Immerhin kontrollierte damals die Familie die Bergbaugesellschaft Mathias Stinnes, den Mülheimer Bergwerksverein, die Diergardt-Mevissen Bergbau AG, die Ruhr-Öl GmbH, die Glaswerke Ruhr AG sowie zahlreiche Schiffahrtsunternehmen.

Ende der zwanziger Jahre bahnt sich das Verhängnis durch eine Anleihe von 25 Millionen Dollar aus den USA an. Die Konzernreste sollen gerettet werden. Als Sicherheit muß Stinnes die deutschen Betriebe in eine amerikanische Gesellschaft, die Holding „Hugo Stinnes Cooperation", einbringen, die er als Geschäftsführer der Hugo Stinnes GmbH verwaltet. 1943, mitten im Krieg, geben die Amerikaner kein Pardon: Durch Beschlagnahme wird der Familie das Verfügungsrecht über den Hauptstamm des Vermögens entzogen.

Mit Kriegsende folgte es Schlag auf Schlag. Die englischen Besatzungsbehörden nehmen den Industriellen in Schutzhaft, erst 1948 kommt er frei. Im gleichen Jahr muß er aus der Konzernleitung in Baltimore/USA ausscheiden. Zusammen mit Mutter Cläre und Bruder Otto belebte er die nicht beschlagnahmte Hugo Stinnes OHG (Handel- und Schiffahrt, Erdöl-, Chemikalienhandel als Brenntag AG). Doch schon bald gibt es erneut familiäre Schwierigkeiten: Hugo Stinnes wollte sie durch Trennung von der Familie lösen. Er gründet eine eigene Unternehmensgruppe, der Dutzende Firmen angehören, u. a. die Atlas Werft in Bremen, die Transozean Schifffahrt GmbH.

Doch 1963 muß Stinnes bei 75 Millionen Mark Schulden den größten Teil seiner Firmengruppe abstoßen. Im gleichen Jahr müssen Cläre und Otto Stinnes Vergleich beantragen. Das Vertrauen in den Namen Stinnes war tief erschüttert. 1971 lief auch die Transozean von Hugo Stinnes jun. auf Grund. Und 1971 meldete das letzte Unternehmen von Stinnes einstigem Konzern Bankrott an. Zerstritten mit der Familie, das ererbte Milliardenvermögen des Vaters verloren, lebte er zurückgezogen vom Vermögen seiner Frau. Im März 1982 starb er mit 84 Jahren.

Die Liebe zur Medizin, zur Kunst und zu schnellen Autos

Als der deutsche Kaiser Hugo Stinnes den Adelstitel verleihen wollte, hatte Mutter Adeline verfügt, den Titel nicht anzunehmen. Eine Legende? Sicher ist: Sohn Hugo Stinnes sen. lehnte dankend ab, blieb bürgerlich, wohl weil er wußte, der Kaiser konnte auch weiterhin ihn, den Finanzgewaltigen, nicht übergehen.

Das Rheinisch-Westfälische Elektrizitätswerk Essen geht auf die Initiative von Hugo Stinnes sen. zurück. Das erste Kraftwerk entstand bei der Essener Zeche „Victoria Mathias". Das Bild um die Jahrhundertwende macht das schnelle Wachstum der Industrie deutlich.
Mitte 1998 entstanden auf diesem Gelände fünf unterirdische Kunstkammern des André Heller-Parks „Meteorit".

Stinneshafen zur Jahrhundertwende.

Mutter Adeline – wieder erscheint wie bei anderen Karrieristen des Ruhrgebietes eine Frau im Hintergrund. Die Rollen dieser Frauen sind kaum erforscht worden, es ist immer nur eine Ahnung, daß sie Söhne und Männer in beherrschende Rollen geführt, gedrängt, geleitet, geschoben haben könnten. Adeline, die Frau von Hermann Hugo Stinnes, dem jüngsten Sohn des Firmengründers Mathias, war so etwas wie die Stinnes-Stamm-Mutter. Sie war eine großzügige Mäzenin. Max Liebermann, der bedeutende deutsche impressionistische Maler, war ihr Favorit. Auch der Dichter Frank Wedekind gehörte zu den Gästen ihres großen Hauses an der Delle in Mülheim, in dessen Garten die Hausherrin ihre Vorliebe für Löwenmäulchen gepflegt haben soll. Obwohl von einigen erzählt, ist es nicht gewiß, ob Wedekind dort sein berühmtes Gedicht begonnen habe „Ich habe meine Tante geschlachtet, meine Tante war alt und grau..." Im März 1925 starb Adeline Stinnes mit 81 Jahren.

Bei ihrer Tochter Annie Fischer, verheiratet mit dem Tropenmediziner Prof. Dr. Fischer, wird die Medizin-Neigung vieler Stinnes-Familienmitglieder deutlich. Sie unterstützte den berühmten Urwaldarzt und Menschenfreund Albert Schweitzer. Der war später Pate ihres einzigen Sohnes Otto. Schweitzer, seine Mitarbeiter und Krankenschwestern hatten stets freie Fahrt auf Stinnes-Schiffen. Bis zu Hugo Stinnes jun. hielt sich diese Liebe zur Medizin.

Cläre Stinnes gehörte zu ihren Glanzzeiten zu den illustren Gästen der Wagner-Festspiele in Bayreuth. Sie, die Frau des Adeline-Sohnes Hugo Stinnes sen., dem Mächtigen der Dynastie, war eine geborene Wagenknecht. Wieder taucht da die Medizin in dieser Familie auf. Mutter Wagenknecht war eine geborene von Eicken, die aus einer Familie mit berühmten Ärzten stammte.

Eine besondere Rolle spielte die Tochter des Hugo. St. sen., Cläreonore Stinnes. Heute noch steht sie im Ansehen der Familienmitglieder sozusagen auf dem Sockel. Zwar wird ihr Geburtsort in einigen Nachschlagewerken falsch mit „Mühlhausen (Ruhr)" angegeben (Mülheim an der Ruhr ist gemeint), doch gilt ihre und ihres Mannes Leistung weiterhin als bewunderswert. Zwei Jahre lang, von 1927 bis 1929, fuhren beide in einem alten „Adler" um die Welt.

Eigentlich war die Frau Landwirtin. Auf den landwirtschaftlichen Gütern ihres Vaters in Südamerika hatte sie neben Ackerbau und Viehzucht auch das Reiten, vor allem das schnelle Autofahren erlernt. Wagemutig soll sie dahingebraust sein, von den Zeitgenossen bewundert – Frauen am Steuer eines Tourenwagens und obendrein auf Abenteuerfahrt – das war damals etwas ganz Enormes. Mehrere Preise bei Zuverlässigkeits- und Prüfungsfahrten fuhr sie heraus. Dann kam der Mai 1927. Mit dem schwedischen Fotografen Carl Axel Söderström, ihrem späteren Mann, fuhr sie los, um im „Adler" die Welt zu umrunden. Die Zeitungen berichteten regelmäßig von ihren Stationen. Die Leser warteten gebannt auf die nächste Folge. Nach 1945 hat die Frau das Tagebuch ihrer Reise in ihren vielen Unterlagen wiederentdeckt. Doch erst 1981 erschien es mit einer Auswahl der schönsten Söderström-Fotografien als Buch.

Der Name Stinnes ist präsent in Mülheim – dank einer Stiftung. Es werde oft vergessen, betont die älteste Tochter von Hugo Stinnes jun., daß die Stiftung aus dem Erbteil der Margarethe Stinnes-Leonhard, einziges Kind aus der zweiten Ehe des Firmengründers, gespeist worden ist: „Es ist der letzte Gruß des alten Mathias".

Dessen Tochter Margarethe heiratete den Arzt Dr. Leonhard. Da weit und breit eine Augenklinik fehlte, machte Leonhard in Berlin seinen Facharzt und baute später in Mülheim eine Augenklinik auf.

1904 wurde die Stiftung gegründet. Vorrangiger Zweck sind Betrieb und Ausbau der Augenklinik. Gleichrangig wertete das Stifterpaar die Einrichtung von Lesestuben. Das wirkt bis heute. Sechs Millionen Mark schüttet die Stiftung jährlich aus. Die Wochen des Figurentheaters, Musik mit Behinderten, Kunst aus den Ateliers heraus in die Ortsteile – das beispielsweise wird bedacht. Die Förderung kammermusikalischer Abende – „Serenaden an der Ruhr" – erscheinen wie Nachfolgeveranstaltungen jener in dem Kammermusiksaal, den Hugo Stinnes sen. für seine Mutter Adeline bauen ließ.

Besonders stolz sind die Kulturverwalter auf die Mülheimer „Spätlese", ein Seniorentheater, inzwischen bundesweit das größte. Die Teilnehmer – einige sind 80 Jahre alt – sind sowohl Autoren ihrer Stücke wie Bühnenbildner, Regisseure und Schauspieler. So wie sie dem gesprochenen Wort verpflichtet sind, ist es auch das familiäre Mitglied im Stiftungsbeirat: Michaela Stinnes ist Sprachtherapeutin.

In der Stinnes-Hauptverwaltung in Mülheim hängt erlesenes Kunstgut der Neuzeit nicht nur in Sitzungsräumen und in der Empfangshalle. Daß ein ehemaliger Firmenchef nach seiner Pensionierung zum angesehenen Galeristen in Düsseldorf geworden ist, scheint wie eine Nachfolge der Kunstliebhaberei aller Stinnes-Familienmitglieder zu sein. Dr. Gustav Stinnes beispielsweise hatte in Wiesbaden eine eigene Theaterloge. Als er nicht auf die Linie der nationalsozialistischen Partei einschwenkte, wurde ihm der Schlüssel zur Privat-Loge abgenommen. „Man muß m. E. kriegerische Verwicklungen größtem Ausmaß ins Auge fassen", hatte er 1938 in seinem Testament orakelt. Als er 1943 starb, war Hitlers Krieg grauenvoll über die Welt hereingebrochen.

Oder: Dr. Heinrich Stinnes – er besaß die größte deutsche Toulouse-Lautrec-Sammlung. Daisy Stinnes hatte auf ihrem Sommersitz in Brioni (Kroatien) eine große Bibliothek und eine wertvolle Gemäldesammlung zusammengetragen. Jugoslawiens Staatschef Tito beschlagnahmte den Sommersitz und erklärte ihn zu seinem. Bilder und Bücher gab er schließlich nach Interventionen heraus.

Familienbande

Auch bei Stinnes werden die engen Beziehungen zu anderen Industriellen-Familien deutlich. Beispielsweise waren Dr. jur. Gustav Stinnes, Bankfachmann, der mit seinen internationalen Beziehungen u. a. befreundeten jüdischen Familien half, ihr Geld in der Nazizeit auf ausländische Banken zu deponieren, und seine Frau Dorothea Guillaume aus Bonn Freunde von Fritz Thyssen, Sohn des legendären Firmengründers August Thyssen. Zur Hochzeit 1913 schenkte Fritz Thyssen dem Paar eine Skulptur des bedeutenden französischen Bildhauers Auguste Rodin aus Vaters Sammlung.

Eine Tochter des Firmengründers Mathias Stinnes, Fanny, heiratete Dr. John Haniel, der 1899 vom Kaiser geadelt worden war. Deren Kinder wurden frühzeitig mit einem Stinnes-Erbteil bedacht, doch erst durch einen gerichtlichen Vergleich Ende der zwanziger Jahre daran beteiligt. Zu Haniel bestehen heute noch Beziehungen. Beispielsweise haben die Töchter der Bonner Juristin Ute Marie van Aaken, einer Enkelin von Gustav Stinnes, Haniel-Frauen, nämlich Enkelinnen von Haniel-Nachfahren, als Patinnen.

Auch zu anderen großen Kaufmanns- und Stahlfamilien gibt es Verflechtungen. Eine Tochter des Gründers heiratete Gerhard Küchen, einen leitenden Angestellten der Firma. Küchen-Tochter Irmgard wiederum heiratete in die Duisburger Kohlen- und Stahlhandelsfirma Spaeter ein. Mit der Heiraterei wurden Fäden in alle Himmelsrichtungen gezogen. Beispielsweise heiratete Mathias-

Sohn Leo eine Olga Andreae. Drei Töchter hatte das Paar. Diese Töchter verfuhren offenbar nach der Devise: Schwiegereltern sparen: Jede heiratete einen Sohn des Kaufmannsgiganten Röchling...

Stinnes wieder an der Börse

Was in den fünfziger Jahren des 20. Jahrhunderts im Namen Stinnes geschah, gleicht einem Wirtschaftsabenteuerroman. Unter unsäglichen Umständen schaffte es Dr. Heinz Kemper – zum Teil im amerikanischen Auftrag – Einzelunternehmen von Stinnes wieder aufzubauen und zu konsolidieren. Sein und seiner Führungsriege Verdienst ist es, daß nach Verhandlungen mit Kanzler Adenauer, der wiederum mit US-Präsident Eisenhower konferierte, 1957 das Aktienpaket Stinnes nach Deutschland zurückgeführt wurde. 1965 wurde die Hugo Stinnes AG in die VEBA eingebracht und 1976 in Stinnes AG umbenannt.

Die Stinnes AG mit Sitz neben dem Rhein-Ruhr-Zentrum an der A40 in Mülheim zählt zur Spitzengruppe international bedeutender Handels- und Verkehrsunternehmen. 250 Tochtergesellschaften an 1 500 Standorten beschäftigten 33 000 Mitarbeiter. Das war noch 1997 so. Doch gegen Jahresende bekam im Zuge einer grundlegenden Neuorganisation bei VEBA auch Stinnes ein neues Profil. Mit den 150 Stinnes-Baumärkten hatte die Öffentlichkeit bis dahin weitgehend die AG identifiziert. Winter 1997 entschied die Konzernführung, einen neuen Frühling einzuleiten: „Stinnes wird die unternehmerische Führung der Einzelhandelsbereiche Baumärkte und Reifendienst im Zuge der Fokussierung abgeben." Im Klartext heißt das wohl: Die Baumärkte und der Reifendienst werden verkauft. Auch „im Logistikbereich trennt sich Stinnes vom konventionellen Massenguttransport, von Binnenschiffahrt und Recycling."

Die Schiffe des alten Mathias Stinnes sowie von Vater und Sohn Hugo Stinnes stehen von nun ab nur noch als bewundernswerte Modelle im Casino des Konzernhochhauses in Mülheim.

Die Überraschung steckte nahezu vornehm unauffällig zwischen den Zeilen einer Pressemitteilung: „Voraussichtlich im Laufe der zweiten Jahreshälfte 1998 werden bis zu 49 Prozent der Stinnes-Aktien an die Börse placiert." Stinnes geht also wieder an die Börse. Wer ist der Börsenführer? Natürlich VEBA. Aktien mit dem legendären Namen gehören zur strategischen Neuausrichtung des Konzerns. Bei einem Umsatz von 25,3 Milliarden Mark wohl ein kalkulierbares Risiko.

Erben ohne Erbe

Die Stinnes von heute wollen keine Personen von öffentlichem Interesse sein. Alle Namensträger winken ab. Die einzige wörtliche Rede, auf die sich die fünfte Stinnes-Generation als Zitat einläßt, ist eine Absage: „Die älteste Tochter von Hugo Stinnes junior hat stellvertretend für alle 17 Enkel des Seniors H. St. den ausdrücklichen Wunsch geäußert, die von ihren Vorfahren gegenüber jeglicher Publizität geübte Zurückhaltung beizubehalten."

Tatsächlich war Hugo Stinnes sen., einstmals der sagenhafteste Reiche Deutschlands, nahezu schweigsam. Er hatte den „feucht leuchtenden Blick eines nazarenischen Schwärmers über dem Mund eines kalten Rechners", urteilte Publizist Maximilian Harden, der H. St. gut gekannt hatte. Stinnes Lippen würden sich „nur ungern öffnen". Die Nachfahren folgen dem schwerreichen Ohm: Auch sie schweigen.

Tatsächlich hat sich in der Welt der Stinnes vieles gewandelt. Sie sind, wie sie immer wieder betonen, „Bürger wie jeder andere auch" geworden. Stinnes und die große Welt? Es war einmal. Keine Yachten mehr, Fabriken sowieso nicht, nicht einmal Golf. Zwei haben Fluglizenzen, doch kein Stinnes gehört zum Jet-set. Stinknormal seien sie, sagen sie. Deshalb, vor allem jedoch wegen der Vergangenheit des Hugo Stinnes jun., in der immer wieder herumgestochert werde, wollen sie anonym bleiben.

Und doch bewegt sie immer noch das Ansehen des Vaters, durch ihn selbst schwer beschädigt. Immerhin sei er neben August Thyssen in Mülheim das gewesen, was Krupp für Essen und Henkel für Düsseldorf gewesen wären. Natürlich hätte der Vater gefehlt, doch er sei noch zu jung gewesen für das schwere Erbe von H. St. Als der Vater Anfang der siebziger Jahre vor dem Richter stand, hatte er bedauernd kundgetan, bei 90 Millionen Mark Schulden könne er nicht zahlen.

Die Last der Schulden hatte er schon zu Beginn seiner Karriere gespürt. Der alte Stinnes hatte seinen Söhnen Edmund und Hugo auf dem Sterbebett gesagt (so wird jedenfalls erzählt): „Was für mich ein Kredit ist, sind für euch Schulden. Eure wichtigste Aufgabe ist es: Schulden bezahlen, Schulden bezahlen und noch einmal Schulden bezahlen."

Aufstieg und Fall des Hugo Stinnes jun.: mit Wirtschaftsminister Ludwig Erhard bei der Industrieausstellung 1961 in Berlin und mit seinem Anwalt 1973 im Gericht, als das Familienimperium pleite war.

Die Brüder waren noch nicht einmal 30 Jahre alt. Sie hielten sich nicht an des Vaters Rat. Zwischen Edmund und Hugo sei ein unsinniger Wettstreit entbrannt, beispielsweise beim Kauf von Fabriken. Stinnes-Biograph Hegemann kommentierte dieses Duell mit Dollar und Reichsmark: Der Vater hätte die Risiken des Marktes und der Banken beherrscht, die Söhne nicht. Die Schulden wuchsen. Von April 1924 bis Juni 1925 stiegen sie von 80 auf 176 Millionen Reichsmark. Das war bereits der Anfang vom Ende, der in den siebziger Jahren mit dem Zusammenbruch des Imperiums jedermann sichtbar wurde. Geblieben ist zwar der Name, populär genug. Doch nicht einmal der gehört den Nachkommen, sondern einem großen Konzern. Kein Namensträger ist daran beteiligt.

Und doch sprechen die Kinder und engen Verwandten liebevoll von Vater Hugo, der als Junior der Stinnes und als Bankrotteur in die Geschichte eingegangen ist. Zum Beispiel hätte sich seine wahre Liebe in den vierziger Jahren gezeigt, die Liebe zur Medizin. Als Kuratoriumsmitglied des evangelischen Krankenhauses Mülheim hätte er alles getan, was ihm möglich gewesen wäre. Gegenüber dem nationalsozialistischen Gauleiter Terboven habe er sich durchgesetzt und erreicht, daß die Kaiserswerther Diakonissen auch weiterhin im Krankenhaus ihren Gottesdienst abhalten konnten. Oder: Als Mitinhaber der Atlas-Werke in Bremen hätte er schon früh und vor allem vor anderen Instituten das Krankenhaus mit elektronischen Geräten ausgestattet.

Zwar sei er kein frommer Mann gewesen, doch habe er die Kirchen gefördert. Kohle-Kumpel von Stinnes-Schächten hätten im Zweiten Weltkrieg einen Bunker gebaut, der bei Fliegerangriffen 3 000 Mülheimern Schutz geboten hätte. Der „Kaufmann aus Mülheim", wie sich H. St. sen. und jun. gern nennen ließen, hätte seine Stadt geliebt. Verständlich, daß die Kinder eine lange Liste wohltätiger Spenden und Beweise dieser Liebe aufzählen. Eine Tochter lebt in Mülheim, eine in Heidelberg, ein Sohn in Kanada. Die alte Schwester wird in Mülheim mit Hochachtung gegrüßt; ihr Leben hatte sie als Sekretärin und Pflegerin der Mutter eingerichtet, Cläre Hugo Stinnes-Wagenknecht, die 1973 als Hundertjährige starb.

Bis zuletzt in Mülheim geehrt: Cläre Hugo Stinnes-Wagenknecht, die Witwe des 1924 gestorbenen Wirtschaftsmagnaten, bei einem Empfang zu ihrem 90. Geburtstag. 1973 starb sie hundertjährig.

Gründer & Erben

Grillo

Ein Vulkan an Unternehmungsmut: Friedrich Grillo

Friedrich Grillo 1825 – 1888

Wilhelm Theodor Grillo 1819 – 1889

Ein Gigant der Gründerzeit: Friedrich Grillo baute Werk um Werk und stiftete andere zu Zusammenschlüssen und Gründungen an.

Der Name ist so gar nicht deutsch. Tatsächlich stammen die Grillos aus Italien. Sie sind als protestantische Flüchtlinge über die Schweiz nach Halberstadt in Mitteldeutschland gekommen. Einer von ihnen wurde Professor in der ehrwürdigen Universität „Viadrina" in Frankfurt/Oder, ein anderer predigte als Schloßpastor in Wettin an der Saale. Einen Sohn dieses Predigers verschlug es an die Grenze zum heutigen Ruhrgebiet; er wurde Salzinspektor in Unna-Königsborn. Wie in anderen Städten des Ruhrgebietes erinnert auch in Unna eine Grillostraße an diesen Grillo.

Der Sohn dieses Salzinspektors schließlich versuchte sein Kaufmannsglück im entstehenden Industrierevier an der Ruhr. In Essen errichtete er eine Eisenwarenhandlung. Und mit dessen Sohn beginnt die sagenhafte Karriere der Familie Grillo. Dieser Mann heiratete eine Tochter der Funkes, damals schon eine einflußreiche Familie, deren Name mit Zechenbeteiligungen, Großbauten und Bierbrauereien einerseits, andererseits mit Stiftungen, die heute noch segensreich wirken, verbunden bleibt. Der Eifer zweier Söhne dieses Paares wirkte sich besonders fruchtbar für das Werden des Ruhrgebietes aus: Friedrich und Wilhelm Grillo, die Gründer.

Der Stammvater der Grillos jedoch endete schrecklich. Johann Baptista Grillo, „Gril, genannt von Bajacca", ist protestantischer Märtyrer. Mit 35 Jahren starb er unter grauenvollen Umständen. Das war 1586 in Sendrino im italienischen Veltin. Sein Märtyrertod wird so beschrieben: „...daß man die reformierten Prediger unter den Armen in der Haustüre soll aufgehangen und von unten auf ein Glied nach dem anderen abgehauen und dabei gefragt, ob sie katholisch werden. Und hätten damit die grausamen Wüteriche solange kontinuiert bis sie ans Hertz gekommen und so die armen Leuth ihren Geist aufgeben müssen."

Tatsächlich: Er war nicht nur einer der Gründer der siebziger Jahre des 19. Jahrhunderts, am Ende seines erfolgreichen Lebens sah er auch so aus: Heinrich Friedrich Theodor Ernst Grillo. Ein weißer Oberlippenbart überragt das runde, nahezu gütige Gesicht, blitzende Augen schauen ins Weite. Geschickt vom Fotografen auf die Platte gebannt, daß das

Aus den Anfangszeiten der Industrie in Gelsenkirchen: Die Hochöfen von Grillo-Funke. Die Aufnahme von 1912 dokumentiert Industrie- und Sozialgeschichte. Direkt an der Bahnlinie des Werkes befinden sich die Arbeitergärten mit Kohl, Kartoffeln, Kohlrabi, Möhren und einigen Gewürzkräutern – Blumen waren Luxus.

Abbild diesem Bild entspräche: So sieht einer drein, der es sich leisten kann, mild- und wohltätig zu sein.

Friedrich Grillo war ein Kaufmann und Industrieller, dessen Wirken zahlreiche Unternehmen im Ruhrgebiet ihr Entstehen verdanken, die heute zu verschiedenen Ruhrkonzernen gehören. Er gilt als Wegbereiter der Verbundwirtschaft: Zechen, Stahlwerke und Verarbeitungsbetriebe produzieren in unmittelbarer Nachbarschaft. Doch heute wissen nur wenige, welche Welt sich hinter dem Namen Grillo auftut.

Lebendig vor allem ist der Mann durch ein Versprechen, das er selbst nicht halten konnte und das von seiner Witwe eingelöst worden ist. Wer in Essen ins Theater geht, geht ins Grillo. So heißt dort der alte Theaterbau. Die meisten wissen nur: Grillo, ach ja, der Theaterstifter. Wenige Monate vor seinem Tode überraschte er am 14. Oktober 1887 die Essener Stadtverordneten mit dem Plan, auf seine Kosten ein Theater bauen zu lassen, das sich mit anderen Häusern messen könne. Sein Lebtag wolle er alle Lasten tragen, versprach er: 1892 wurde dieses Theater eröffnet.

Der Stifter des ersten Essener Stadttheaters konnte sein Versprechen nicht selbst einlösen. Am 20. Dezember 1825 in Essen geboren, starb Grillo am 16. April 1888 geistig umnachtet in Düsseldorf. Auch Bruder Wilhelm Theodor erlebte diesen wichtigen Tag in der Theater-Geschichte des Ruhrgebiets nicht: Er starb im Januar 1889. Die Witwe des jüngeren Grillos erfüllte am 20. Mai 1889 das Versprechen „zur Errichtung eines Volkstheaters" und schenkte noch den Baugrund hinzu, das Grundstück ihres Elternhauses.

Doch Mitte des 19. Jahrhunderts war die Stiftung eines Theaters nicht alles. An der Grenze von Westfalen und den Rheinlanden wuchsen in grünen Landschaften rasant Fabriken- und Zechenstädte empor, deren dramatische Geburtswehen kaum mehr nachzuvollziehen sind. Friedrich Grillo, den irgendein umtriebiges Blut bewegte, der irgendwann wußte, wie mit Geld Vermögen gemacht werden kann, war mittendrin, suchte ähnlich Denkende und Fühlende, gründete Werk für Werk, regte, oft mit dem Druck seiner Finanzmacht, Fabriken, Banken, Firmenzusammenschlüsse an. Das Ruhrgebiet ist auch mit diesem Mann geworden.

Als die beiden Brüder Grillo, der Friedrich und der Wilhelm, Mitte des 19. Jahrhunderts auf die wirtschaftlichen Zeichen der Zeit setzten, Kohle und Stahl, schiebt sich das Ruhrgebiet zum erstenmal auf den Weltmarkt. Knapp 2 Millionen Tonnen Steinkohle werden gefördert, 11 500 Tonnen Roheisen erzeugt. 30 Jahre später ist die Steinkohlenförderung auf 22,4 Millionen Tonnen gestiegen, die Roheisenerzeugung auf 1,4 Millionen Tonnen.

Es wurde gebuddelt und gebaut, wo auch immer – kaum einem Plan, einer Ordnung folgend. Chaos schien zu entstehen. Nur wenige versuchten, dem entgegenzuwirken. Zwar haben beide Grillo-Brüder Anteil an der industriellen Entwicklung der Städte Essen, Hamborn, Mülheim, Oberhausen, Gelsenkirchen, Dortmund und auch an deren kultureller Gestalt, doch vor allem der jüngere Fritz, wie er sich nannte, dachte und handelte seiner Zeit voraus. Was Jahrzehnte später zum Gemeinschaftsprogramm wurde, begann er in den siebziger Jahren des 19. Jahrhunderts: Siedlungsbau mit städtischem Charakter, Kanalprojekte und Straßen. Ohne Rathäuser und Kirchen, ohne Schulen, Erholungs- und Heilstätten funktioniere kein Gemeinwesen, forderte er. Dabei lenkten ihn weniger volkswirtschaftliche, gar philosophische Überlegungen, sondern praktisches Kaufmannsdenken bestimmte sein Handeln.

Mit 23 Jahren übernahm er die Eisenwarenhandlung seines Vaters auf der Viehofer Straße in Essen. Doch schon bald brach er

Als Pferde noch Industrieanlagen zogen: Transport eines Flammrohrkessels vom Grillo-Werk Gewerkschaft Orange in Schalke-Nord zur Mulvany-Zeche Hibernia.

dort aus und begann nach Größerem zu streben. Mitte der fünfziger Jahre, den Siegeszug der Kohle vorausahnend, wurde er Mitbegründer, Gewerke oder Beteiligter an über 20 Gewerkschaften des Bergbaus, zum Beispiel an den Zechen „Neu-Essen" und „Herkules" in Essen. Mit anderen war er an einer Eisengießerei und an einer Maschinenfabrik beteiligt.

In dieser Zeit kam sozusagen die zweite Natur des Fritz Grillo zum Vorschein. Es begann eine Zeit des Besprechens und Beredens, des Abwägens und des Planens gemeinsam mit anderen, oft nicht auf den eigenen Vorteil bedacht, sondern als wolle er ein großes Uhrwerk zusammenführen, bei dem ein Rad ins andere greift, damit sich am Ende alles dreht und in Bewegung ist. Um ihn versammelten sich andere unternehmungslustige Männer, meist jünger als er. Grillo-Kreis wurden die Zusammenkünfte bald genannt. Dort überzeugte er andere, größere Betriebseinheiten zu bilden, sich mit anderen zusammenzuschließen oder zu kooperieren; beispielsweise: erster Essener Bergwerksverein „König Wilhelm", die Gelsenkirchener Bergwerks AG, Blechwalzwerke, der Schalker Gruben- und Hüttenverein, die Glas- und Spiegelmanufaktur in Gelsenkirchen, die Essener Creditanstalt, der Bergbauverein...

Hundert Jahre nach seinem Tod beurteilen ihn Historiker als einen „kühnen, aber keineswegs unehrenhaften Spekulanten", der „viel zur Identitätsbildung des Ruhrgebiets" beigetragen habe. Vertreter der in den fünfziger und sechziger Jahren des 19. Jahrhunderts aufstrebenden Banken in Köln, Berlin, Darmstadt und anderswo, mit denen Grillo zusammengearbeitet hatte, berichteten, Friedrich Grillo hätte eine hohe Meisterschaft besessen, „die eine gegen die andere (Bank) auszuspielen, sich keiner ganz zu verschreiben und sie einzeln oder auch vereint vor seinen Wagen zu spannen." Wilhelm Brepohl faßte dieses wirtschaftlich-exzessive Leben, das, wie er meinte, nur in einem Roman verdichtet werden könne, so zusammen: „Ein Vulkan an Unternehmungsmut."

Der ältere Bruder Wilhelm Theodor Grillo wurde gleichfalls zu einer wichtigen Figur der Gründerzeit. 1819 geboren, gründete er zunächst eine Eisenwarenhandlung in Mülheim. Danach sah er sein unternehmerisches

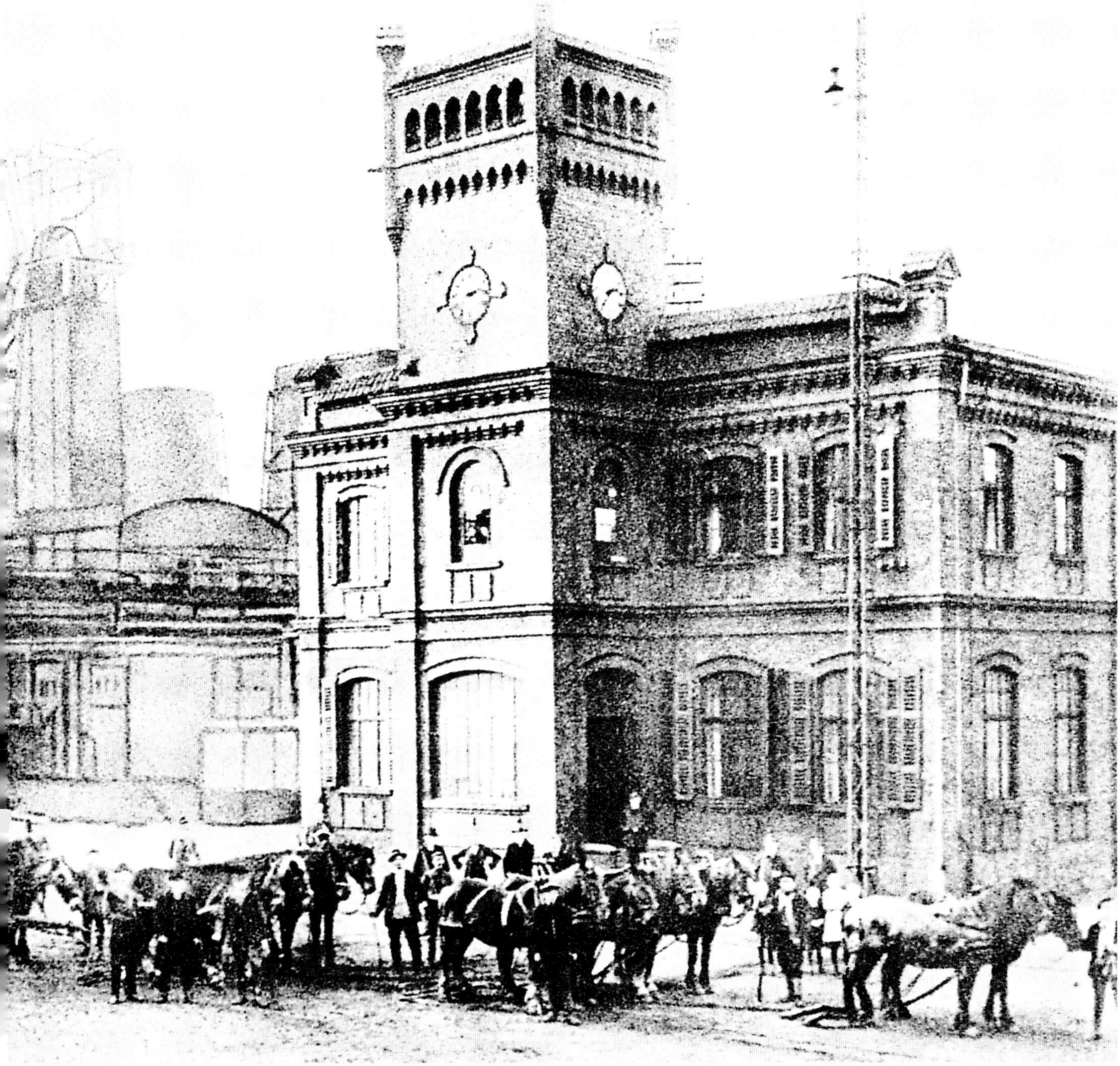

Heil in der Zinkverarbeitung und gründete nacheinander eine Zinkweißanlage, ein Zinkwalzwerk und eine Zinkhütte in Oberhausen, Mülheim und Duisburg-Hamborn. Die Berliner waren als erste auch nachts helle: Gaslicht. Der ältere Grillo setzte das Licht dem Ruhrgebiet auf: Seine Gasfabrik versorgte das werkseigene Beleuchtungsnetz und das der Stadt Oberhausen.

Auf Geldvermehrung verstehen sich die Grillos. Sie verstanden sich auch untereinander: Auch das Aktienetablissement Styrum für die Eisenindustrie bei Mülheim war ein Familienunternehmen. Wilhelm Grillo hat es zusammen mit Brüdern und Schwägern gegründet. Während es schon lange keine Grillos mehr bei den Unternehmen gibt, die der jüngere Bruder Friedrich gegründet hat, ist die Familie von Wilhelm Theodor, dem Zinkhütten-Grillo und Stammvater der heutigen Namensträger, maßgeblich an dem Werk beteiligt, daß vor mehr als 150 Jahren als Zinkhütte entstanden ist.

Wilhelm-Theodor Grillo: Der ältere der Grillo-Brüder wurde Zink-Pionier.

Mit Grillo stieg Schalke auf – mit Schalke stieg Grillo auf

Als Grillo kam und als Grillo ging, war an den Fußballclub mit dem Namen Schalke nicht zu denken; der entstand erst 1904, stieg danach auf zum Vielgeliebten, seither geht man „auf Schalke". Doch zunächst stieg der waldreiche und verschlafene Ort Schalke bei Gelsenkirchen auf. Das ist vor allem das Verdienst des ehemaligen Eisenwarenhändlers aus Essen und späteren Börsenjobbers, mehrfachen Fabrikbesitzers, einer der drei wichtigsten Gestalten der Gründerzeit an Rhein und Ruhr, in diesem Falle an der Emscher, des immens rührigen Kapitalisten, der für die Industriegründungen wie für die Stadtentwicklungen im Ruhrgebiet segensreich wirkte, aber auch für Arbeiterwohnungsbau und für das kulturelle Leben: Friedrich Grillo.

In den Gemeinden Schalke, Heßler, Braumbauerschaft, Bulmke und Hüllen gab es sieben Grubenfelder. Friedrich Grillo sah die Möglichkeit, zum erstenmal ein großes Bergwerk durch den Verbund dieser Grubenfelder zu gründen. Im Dezember 1862 schaffte er es, diese Kohlenbereiche zusammenzuschließen, zu konsolidieren. Das war die Geburtsstunde des Bergwerkes „Consolidation". 1863 die ersten Abteufarbeiten, 1865 die erste Förderung, also sieben Jahre nach der ersten Förderung auf der ersten Gelsenkirchener Zeche „Hibernia". 1864 war die Zahl der Einwohner Schalkes immerhin auf 645 angestiegen, doch bereits drei Jahre später lebten 2 058 Menschen in Schalke.

In einem Brief von 1868 hat Friedrich Grillo selbst diese Zeit beschrieben. In Schalke, notierte er, lebten „als der erste Grundstein mitten im Urwalde gelegt wurde, kaum 100 bis 120 Einwohner; in kurzem Zeitraum ist die Seelenzahl aber auf mindestens 6 000 angewachsen, worin die zahlreichen Arbeiter, welche in den anliegenden Gemeinden Gelsenkirchen, Heßler, Braumbauerschaft sowie in den

Distrikten jenseits der Emscher ansässig sind, nicht einbegriffen sind."

Nach 1863 boomte Schalke. Und der wirtschaftliche Kopf dieses Wachstums hieß Grillo. Abgesehen von der Steinkohlenzeche „Wilhelmine Victoria", schon 1855 gegründet und in Mulvanys „Hibernia"-Zechenreich aufgegangen, entstanden mit Grillos Geld, mit seinem Verstand und seiner Überzeugungskraft, durch seine Initiative (wie auch immer, der Mann war stets dabei) in einem Jahrzehnt folgende Werke:

1863 Steinkohlenzeche „Consolidation", 1866 Eisenwalzwerk Grillo, Funke & Cie., 1868 Steinkohlenzeche „Graf Bismarck" (allerdings außerhalb Schalkes gegründet), 1869 Draht- und Hanfseilerei Wilhelm Heinrich Grillo, 1870 Drahtwalzwerk Boecker & Cie., 1872 Schalker Eisenhütte, 1872 Schalker Gruben- und Hüttenverein, 1872 Aktiengesellschaft für chemische Industrie, 1873 Schalker Verein für Kesselfabrikation (seit 1878 Gewerkschaft Orange), 1873 Glas- und Spiegelmanufaktur, 1873 Gas- und Wasserwerk.

Zehn Jahre nach Grillos Tod wurde der Mann mit dem langen schlohweißen Schnauzbart geehrt. Am 24. Juli 1898 wurde auf dem Schalker Markt ein Denkmal errichtet: „Dem Begründer und Förderer der Schalker Industrie."

So sah Schalke wenige Jahre nach dem Tod von Friedrich Grillo aus: zeitgenössische Postkarte.

Das Ende einer Grillo-Zeche stand am Beginn des Zechensterbens an der Ruhr nach 1945. Protestmarsch am 19. Februar 1966 gegen die Schließung der Zeche „Graf Bismarck“ in Gelsenkirchen-Erle. Es war die erste große Massendemonstration gegen die Zechenschließung, zum erstenmal schwarze Fahnen im Revier.

Ein Kartengruß einer Grillo-Zeche in Gelsenkirchen

Von Antimon bis Zinn

In Duisburg-Marxloh gibt es zwei Firmen mit Namen Grillo: Die Grillo Werke AG (seit 1894 Aktiengesellschaft) und die Wilhelm Grillo Handelsgesellschaft GmbH (1919 gegründet). Firmenjargon: AG und WG. Beide zusammen beschäftigen 2 000 Mitarbeiter. Firmen-Ideologie: „Fortschritt als Tradition".

Wie Urahn Wilhelm, so hält es auch die fünfte Generation Grillo: Alle Aktionäre der Produktionsgesellschaft, der AG, sind Familienmitglieder. Das Geschwisterpaar Gabriela und Rainer Grillo hält die qualifizierte Mehrheit der Aktien. Sie sitzt im Vorstand der AG, er ist Aufsichtsratsvorsitzender.

Wirken in der Familientradition fort: Gabriela und Rainer Grillo vor einem Bild ihres Vaters Herbert.

Beide Geschwister sind Inhaber der Wilhelm Grillo Handelsgesellschaft, sie ist Geschäftsführerin, er kümmert sich um das komplizierte Geschäft mit seltenen Metallen. Gehandelt wird mit den eigenen Produkten Zink und dessen Nebenprodukten sowie mit Zinn, Kupfer, Blei, Alt- und Neumetallen und den seltenen Legierungen Wismut, Antimon, Kobalt, Kadmium, Indium. „Zwar ein überschaubarer Markt", sagt Rainer Grillo, „doch man muß voll dabei sein, das Risiko ist groß." Diese Metalle werden nicht an der Börse notiert, Kursschwankungen über nur wenige Stunden sind keine Seltenheit.

Grillo-Handel hat u. a. Tochtergesellschaften in Österreich und in der Türkei. Ein Werk der AG ist in Goslar. Die Firma ist an deutschen, belgischen und englischen Firmen beteiligt, einige davon sind im Unternehmensbesitz.

Geschwister im Geist ihrer Eltern

Beim Gespräch mit Gabriela und Rainer Grillo kommt irgendwann die Rede auf die Eltern, als wären sie „als unsere Vorbilder" stets dabei. Tatsächlich handeln die Geschwister in den Werken, die ihren Namen tragen und in ihrem Namen arbeiten, „im Geiste der Eltern".

Nicht etwa, daß bei Grillo alle Schwesterlein und Brüderlein wären. Das Unternehmen, dem Schwester Gabriela und Bruder Rainer vorstehen, wird wie jeder moderne Industriebetrieb geführt – hierarchisch auch. Doch bei den Grillos ist irgend etwas anders als in anderen großen Unternehmen. „Würde es an einer Stelle unpersönlich werden, sind wir uns untreu geworden", sagt Gabriela Grillo.

Lieber als über Zahlen und Posten zu reden, sprechen die Geschwister über das, von dem sie meinen, daß es getan werden müsse.

„Mutter hat nicht große Worte gemacht, Mutter hat gehandelt", sagt sie. Er: „Vater haßte Vorurteile." Was sie beide wären, wären sie durch Erziehung. So sind Toleranz und Gemeinsinn für die bewußten Protestanten bestimmend. Krankenhäuser und Parkanlagen tragen Namen von Familienmitgliedern. Es scheint, als verwirklichten sich die Geschwister in der gemeinnützigen Stiftung, der sie den Namen des Vaters, Herbert, gaben.

Ab 1994 wird der Stiftungszweck erfüllt: Jugend- und Sportförderung. „Es ist notwendig, die Gesellschaft von morgen zu formen, indem wir der Jugend Chancen eröffnen." Das ehemalige „Goldmädchen", wie 1976 die Olympiasiegerin im Dressurreiten bejubelt wurde, nennt Aus- und Fortbildung junger Reiter als erstes. „Reiten hat etwas mit Rhythmus zu tun, mit Musik und mit Einfühlen, es hat etwas mit Herz zu tun", philosophiert Gabriela Grillo. Der Umgang mit dem Pferde bilde, sagt sie fest.

Gleichrangig wurde im Duisburger Stadtteil Marxloh ein Haus aus dem Immobilienbesitz für das Projekt „sozialpädagogisch betreutes Wohnen" für 18- bis 21jährige Mädchen hergerichtet. Dem Firmennachwuchs kommt die Stiftung gleichfalls zugute: Austausch mit befreundeten deutschen und ausländischen Firmen. Wer in der Welt herumkäme, lerne, andere zu verstehen.

Beide Grillo-Häuser im Duisburger Norden machen den Eindruck von Vornehmheit, vor allem jedoch von Weltoffenheit. Das eine Haus aus der Jahrhundertwende, zwar als prächtigstes im Schonraum des Grillo-Parks gelegen, steht in einem Ensemble mehrerer Jugendstilhäuser. Daß angrenzend in einem dieser noblen Bauten eine große deutsche Bank Geld verwaltet, ist gewiß kein Zufall. Friedrich Grillo, den die Familie als Genie sieht, hat auch Banken gegründet oder gründen lassen. Bruder Wilhelm, der Stammvater der heutigen Grillos, gilt als „guter Hausvater", was wohl heißt: Der hielt das Geld zusammen. Dessen Ururenkelin sinniert lächelnd: „Wessen Gene wohl bei uns fortwirken?"

Der Architekt des zweiten, großzügigen Zweckbaus von 1963 haderte mit der Bauherrin, Marita Grillo: Zu große Flure, zu große Räume, zuviel umbauten Raum verlange die Mutter. Doch Marita Grillo ließ sich nicht umstimmen: Der Mensch müsse atmen können und brauche Platz, entschied sie und schnitt als Auftraggeberin jeden Einwand ab. Vor dem Eingang postierte sie die lebensgroße Stahlskulptur des Bildhauers Klimsch „Olympia", als ahnte sie, daß die damals elfjährige Tochter Gabriela später Gold-Olympionikin werden würde.

Die Wege, die Pflanzen, die Skulpturen, die Bilder, die Gobelins, die Büros – alles trägt noch die Handschrift der Industriellen Marita Grillo. In einer Januarnacht 1993 brennt die Villa der Grillos in Mülheim, die unter Denkmalsschutz stehende Villa des Gründerindustriellen August Thyssen. Die Kinder versuchen, die Mutter aus dem Feuer zu retten – vergeblich. Mit 70 Jahren stirbt die Hauptaktionärin des Unternehmens.

„Mozart", sagt Gabriela Grillo, „ich war damals sechs, als die Eltern mich zu meinem ersten Konzertbesuch mitnahmen." Sie sprechen von den guten Stunden, die sie mit den Eltern erlebten. „Ich habe als Kind noch den großen Furtwängler dirigieren sehen", sagt er. Kultur präge nachhaltig. Wo sie fehle, verrohten die Sitten. Und Grillo, der Theaterbau in Essen, der den Namen ihrer Familie trägt? „Ach, jetzt kommt das wieder", lacht die Urnichte des Theaterstifters. Es sei ihr nicht peinlich, zu sagen, daß sie nur ein einziges Mal in diesem Bau gewesen ist. Der Bruder schüttelt den Kopf. Er geht lieber ins Museum – als Vorsitzender der Förderer des Wilhelm Lehmbruck-Museums Duisburg.

Gründer & Erben

Krupp

Mythos und Legende einer Familie

Friedrich Krupp 1787 – 1826

Alfred Krupp als der Patriarch der Industrie im Alter.

Alfred (Alfried) Krupp
1812 – 1887

Friedrich Alfred Krupp
1854 – 1902

Bertha Krupp 1886 – 1957

Gustav Krupp von Bohlen und Halbach, 1870 – 1950, verheiratet mit Bertha Krupp. Er war der erste von Bohlen und Halbach, der durch Erlaß von Wilhelm II. als preußischem König den Namen Krupp als Firmeninhaber seinem Namen hinzufügen durfte.

Alfried Krupp von Bohlen und Halbach, 1907 – 1967, der letzte Krupp.

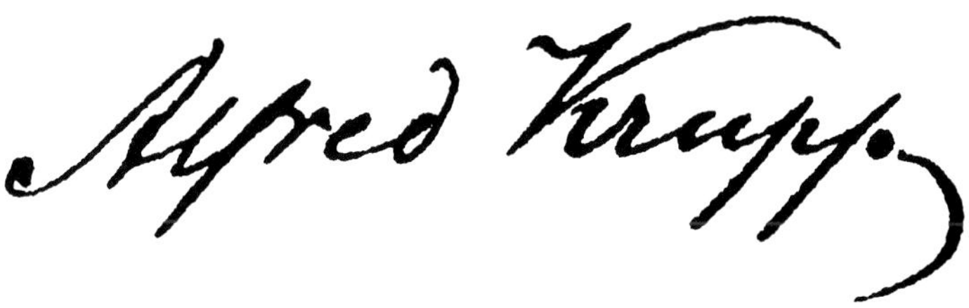

Arndt von Bohlen und Halbach, 1938 – 1986, Sohn von Alfried Krupp. Er verzichtete auf das Erbe als Firmeninhaber und damit auf den Namen Krupp.

Der Name ist Legende. Einst war er Mythos. Golo Mann sagt in einem unveröffentlichten Manuskript, Hitler habe an „den einen Mythos des Hohenzollernreiches, Richard Wagner, Villa Wahnfried, und an den anderen Mythos, Krupp, Villa Hügel" geglaubt. Vom Mythos ist nichts geblieben. An der legendären Geschichte jedoch, die sich mit dem Namen Krupp verbindet, kann auch deutsche Geschichte deutlich werden. Mit dem Tod des letzten Krupp, Alfried Krupp von Bohlen und Halbach, im Jahr 1967 schien die Familienära dieses Namens zu Ende gegangen zu sein. Doch die Familien der angeheirateten von Bohlen und Halbach fühlen sich als sechste Generation und wollen weiter das Recht einfordern, Hüter Krupp-schen Geistes zu sein. Berthold Beitz dagegen, den der letzte Krupp als seinen Generalbevollmächtigten erkor und der dessen Testamentsvollstrecker bis zum 30. Juli 1997 war, ist sich sicher, er sei es, der den Namen Krupp hochhält.

Der Sohn und doch der eigentliche Krupp

Alfred Krupp 1812 – 1887

Alfred Krupp im Jahr 1840, kurz vor Übernahme der Firma.

„Prokurist, Korrespondent, Kassierer, Schmied, Schmelzer, Koksklopfer, Nachtwächter am Zementofen und sonst noch viel dergleichen mehr.“ Nein, das kann weder einem Unternehmer noch einem Manager des ausgehenden 20. Jahrhunderts zugemutet werden. Dafür hat man heute seine Leute, seine Fachleute. Im 19. Jahrhundert war es für den Mann, dessen Name Legende geworden ist, Normalität: Krupp.

Die Jahre beim Privatlehrer mit den Kindern des Dampfmaschinen-Konstrukteurs Franz Dinnendahl und anschließend auf dem Essener Gymnasium – mit 13 Jahren waren sie für Alfred Krupp vorbei. Vater Friedrich wurde kränker und kränker. Er unterwies den Jungen in der Stahlherstellung, stellte ihn an den Schmiedeamboß. Als der Firmengründer Friedrich 1826 starb, war das Geschäft mit sieben Arbeitern verschuldet. Als der Sohn 1887 starb, hatte der Gesamtkonzern Fried. Krupp 20 000 Mitarbeiter. Wenn den vielen Biographen der vielen Krupps Glauben geschenkt werden darf, hat das Versagen des Vaters als Unternehmer den Sohn entscheidend geprägt. Das technische Verständnis von Vater Friedrich, der ihm die Grundkenntnisse der Stahlherstellung noch hatte beibringen können, hatte der Junge verinnerlicht. Zwar auch stets voller Ideen, verzettelte sich Alfred jedoch nicht, ging Projekte zielstrebiger an, war der Sohn nicht vertrauensselig wie der Vater, dessen Blauäugigkeit ihn Kraft, Zeit, am Ende immer Geld gekostet hatte.

Anfangs „blieb der Erfolg zweifelhaft", wie Alfred Krupp 1873 selbst eingestand. Mutter Therese führte die Fabrik fort, deren Gründung „Kummer über uns verhängte". Doch als Vetter Müller ins Geschäft eingestiegen war, 1835 eine Dampfmaschine erworben war, kam auch Krupp aus den roten Zahlen. 1848 übertrug die Mutter dem Sohn Alfred die Firma. Da war er 36 Jahre alt, ein Jahr jünger als das Unternehmen. 70 Arbeiter waren beschäftigt. Zwar mußte der Sohn wie auch der Vater mit Rückschlägen kämpfen, doch mit erfolgversprechenden neuen Produktionszweigen ging es stetig aufwärts.

1852 wird für das aufstrebende rheinisch-westfälische Industrierevier ein entscheidendes Jahr. Vier große Firmen hatten sich in diesem Raum entwickelt: die Hüttengewerkschaft und Handlung Jacobi, Haniel & Huyssen in Sterkrade (Oberhausen) mit Schiffahrt, Bergbau und Eisenhütten – Mathias Stinnes in Mülheim mit Schiffahrt und Bergbau – die Gußstahlfabrik Fried. Krupp in Essen – der Hörder Bergwerks- und Hüttenverein in Hörde (Dortmund). Mit der Gründung des Hörder Bergwerks- und Hüttenvereins im Juni 1852 war der erste Mischbetrieb aus Kohle und Eisen im Ruhrgebiet entstanden, dem andere folgten. Erfolgreich wurde nun Eisen geschmolzen und Stahl gegossen.

In diesem Jahr gelang Alfred Krupp die Erfindung seines Lebens: Der nahtlose Radreifen für Eisenbahnräder. Sie lösten die geschweißten Radreifen ab, ein Hemmnis für höhere Geschwindigkeit, da sie häufig brachen. Das Rad der Industrie an Rhein und Ruhr drehte sich immer schneller. Drei Eisenbahnradreifen wurden ab 1875 zum Firmenzeichen. So wurden später aus den Herren auf Villa Hügel die Herren der Ringe. Und doch gab es Zeiten, da meinten die Zeitgenossen, Alfred wäre ein ähnlicher Phantast wie Vater Friedrich. Dampfstielhämmer mit einem Fallgewicht von vier bis fünf Tonnen hatte Alfred Krupp bereits ab 1851 bauen lassen, um beispielsweise 1855 die neun Meter lange, bis acht Tonnen schwere Antriebswelle für die Yacht des ägyptischen Vizekönigs Said Pascha schmieden zu können.

Doch verrückt und größenwahnsinnig nannten Hütten- und Fabrikbesitzer seinen nächsten Plan. Am 16. September 1861 wurde in der Essener Gußstahlfabrik der größte Dampfhammer in Betrieb genommen, den später viele gekrönte Häupter als Wunderwerk der

1852 machte Alfred Krupp die Erfindung seines Lebens: Der nahtlose Radreifen für die Eisenbahn. Von da an stieg die Firma durch Aufträge aus dem In- und Ausland zu wirtschaftlicher Bedeutung auf. Mit der Expansion des Unternehmens wuchs auch die Stadt Essen. Der Ring des Eisenbahn-Radreifens – drei von ihnen ineinander verschlungen – wurde zum heute noch weltweit bekannten Firmenzeichen.

Zwischen Jacob Mayer, dem Direktor des „Bochumer Vereins", und Alfred Krupp kam es bei der Weltausstellung 1855 in Paris zu einem regelrechten Wettstreit. Ein 100 Zentner schwerer Gußblock von Krupp, der aus einem Stück gegossen worden war, erregte Aufsehen. Er brach beim Transport durch den hölzernen Hallenboden. Nicht weniger Aufsehen erregten die in Stahl gegossenen Kirchenglocken des „Bochumer Vereins"; sie wurden prämiert. Krupp protestierte gegen die Prämie und meinte, schlüge man die Glocken entzwei, käme Roheisen zum Vorschein, aber kein Gußstahl. Jacob Mayer ließ sofort eine Glocke unter Zeugen zerschlagen – sie war aus Stahl.

Technik beäugten, der preußische König Wilhelm I. natürlich auch, denn er hatte bereits 1859 gegen den Willen seines Kriegsministers 300 Rohrblöcke für Geschütze bei Krupp bestellt. Später wird aus dem Verhältnis Krupp und König nahezu eine Allianz von politischer und finanzieller Macht, die in des Monarchen Ausspruch gipfelt, jeder tue seine Pflicht, er auf seinem Thron und Krupp an seinem Hammer. „Fritz" ließ Krupp den neuen Mega-Hammer taufen nach seinem Sohn Friedrich Alfred. Er hatte ein Fallgewicht von zunächst 30 Tonnen, später 50 Tonnen, „um Blöcke Gußstahl bis zu 50 000 Pfund Gewicht für schwerste Schiffswellen und sonstige Massenobjekte zu verschmieden." Diedrich Baedeker schreibt in seiner Krupp-Biographie von 1889: „Als dann zum ersten Mal der Hammer vor der erwartungsvoll gespannten Beamten- und Arbeiterschar, in der der Fabrikherr den vordersten Platz einnahm, langsam in die Höhe stieg, um im nächsten Augenblick mit furchtbarer Vehemenz auf einen mächtigen Gußstahlblock niederzufallen, sprangen die zunächst stehenden Personen entsetzt zurück. Krupp war der Einzige, der ruhig seinen Platz behauptete und unverrückt die großartige Kraftäußerung beobachtete."

Wenige Jahre danach begann jene Ära, in der Krupp und Kanonen in einem Atemzug genannt wurden. Nach 40 Jahren Produktion für friedliche Zwecke, baute Krupp Waffen. Guß und Schuß, Stahl und Sturm – der Staat sah in Fried. Krupp die Möglichkeit, beides haben zu können. Ein Flottengründungsplan von 1873 schließlich legte fest, Kriegsschiffe auf deutschen Werften bauen zu lassen, für die Krupp Stahl und Geschütze zu liefern hatte. Krupp baute und lieferte. Waffen und Geschütze – sie trugen Krupp den zweifelhaften Ruf eines „Kanonenkönigs" ein. Beim dritten Krupp, Friedrich Alfred, baumelte eine Miniausführung dieser Waffe in Silber an der Uhrkette.

„So schnell, wie ein Schuß aus dem Kruppschen Geschütz,
so heiß, wie die Kohlen beim glühenden Guß,
so hell, wie der stärkste Gewitterblitz,
ereile dich heute mein ‚Essener Gruß'",

heißt es auf einer Ansichtskarte aus dem Ersten Weltkrieg. Generationenlang war dies herrschender Geist nicht nur als „Gruß aus der Kanonenstadt" Essen. Das steigerte sich bei Adolf Hitler zur „Waffenschmiede des Reiches". Nach 1945 trugen das Unternehmen, vor allem der letzte Firmeninhaber und der letzte Krupp, Alfried Krupp, dies als Last.

Gleichwohl war Alfred, der hagere Mann in Reitstiefeln mit dem Patriarchengesicht, geschichtsbildend. Das 1872 von Alfred Krupp erlassene „Generalregulativ", das Richtlinien für Unternehmensführung und -verwaltung festschreiben sollte, wird heute noch als Grundlage zitiert. Arbeiterwohnungsbau und Sozialleistungen in seinem Namen gelten auch heute noch als beispielhaft und die Gemeinschaft der Kruppianer, lange von Bestand, hat in seiner Zeit ihren Ursprung.

Die andere Seite des Kanonenkönigs ist aus jenem Geist, mit dem Alfred Krupp 1873 sozusagen sein Vermächtnis niedergelegt hat. Unternehmer und Manager der Gegenwart, die sich diesen Kruppschen Leitspruch als bestimmende Richtschnur ihres Handelns an

„Mein Streben und mein Hoffen zielt auf nichts weiter als auf viel neue Arbeit und Brot für die große Zahl meiner Arbeiter, deren Zukunft Tag und Nacht mich mit großer Sorge erfüllt, und nur deshalb arbeite ich selbst unausgesetzt an allem, was dem Fortschritt angehört".

Alfred Krupp

die Wand hängten, sind gewiß seltene Ausnahme: „Der Zweck der Arbeit soll das Gemeinwohl sein."

Symbol für Macht und Pracht: Villa Hügel

Villa Hügel wurde zum architektonischen Symbol wirtschaftlicher Macht. Alfred Krupp entwarf „sein" Haus vom Keller bis zum Dach selbst. Könige und Kanzler wurden dort empfangen. Heute ist es ein Haus der Kunst: Ausstellungen und Konzerte verzaubern Zigtausende. Villa Hügel – das Gegenstück zu der Behausung der Kindheit des legendären Alfred Krupp. In seinem Vermächtnis von 1873 hat der Mann es angedeutet: Kein Arbeiter solle in so einer Enge leben, wie er als Kind in dem Aufseherhäuschen neben der Fabrikhalle. Das wurde die Triebfeder zum Kruppschen Wohnungsbau für Mitarbeiter des Unternehmens.

Vom Scheitern des Vaters, zwar findiger Techniker, doch glückloser Unternehmer, war die Kindheit Alfreds überschattet. Im kleinen Aufseherhäuschen drängte sich die Familie. Der Vater versuchte immer wieder, sich von

Die drei Krupp-Ringe auf Halbmast vor Villa Hügel bei der Beerdigung von Bertha Krupp 1957.

der Schuldenlast zu befreien, doch von der Liste der steuerpflichtigen Gewerbetreibenden gestrichen, gelang ihm auch das nicht. Als der Sohn im doppelten Sinne groß geworden war, baute er sich „sein" Haus: Villa Hügel über der Ruhr (den Baldeneysee gab es noch nicht). Palastähnlich und pompös, riesig und teuer, luxuriös und doch kalte Pracht. Dieses Haus auf dem Hügel scheint die architektonische Kompensation der ärmlichen Wohnungssituation der Kindheit seines Erbauers zu sein.

Faksimile des Reisepasses von Friedrich Krupp, von dem es kein Bild gibt, ausgestellt vom Präfekten von Münster 1809. Links unten die Unterschrift des Firmengründers „Fried. Krupp“.

Arrondissement von Münster

Direction

Polizey-Amt von Münster

Gültig für

Reisepaß in das Ausland

Register Nro. 323

Beschreibung

Alter 22 Jahre

Größe

Haare

Stirne

Augenbraunen

Augen

Nase

Mund

Bart

Kinn

Gesicht

Gesichtsfarbe

Besondere Zeichen

Unterschrift des Reisenden. Fried. Krupp

Kostet vierzig Stüber

General-Polizey des Großherzogthums Berg.

QUINZE SOLS

Im Namen Joachims

~~Großherzog von Berg,~~

~~Prinz und Groß-Admiral von Frankreich~~

Wir Carl von Mylius Präfekt ad interim

Ersuchen alle Civil- und Militairbehörden, Vorzeigern dieses

Herrn Friederich Krupp

Stand Kaufmann

gebürtig von Essen

wohnhaft in

von Münster nach

in Geschäften

frey und ungehindert passiren, repassiren, und ihm, nöthigen Falls jeden Schutz angedeihen zu lassen.

Ausgefertiget

Geschehen zu Münster den 3ten August 1809

Der Präfekt ad interim

Mylius

Der

Der letzte Krupp starb 1967 in seinem Haus in der Berenberger Mark: Alfried Krupp von Bohlen und Halbach. Dessen Urahn hieß eigentlich auch Alfried. Erst 1839 nannte er sich Alfred Krupp.

Firmengründer ohne Erfolg

Friedrich Krupp 1787 – 1826

Er war Eisenhüttenmann, Kaufmann, Importeur, Metallurg, Erfinder, Spezialist in der Herstellung von Stählen. Zwar ist sein Sohn Alfred zum Begriff des eigentlichen Krupps geworden, doch gebührt dem Vater die Ehre eines Pioniers der Gußstahlherstellung. Am 20. November 1811 gründete in Essen der Unternehmer Friedrich Krupp durch einen Gesellschaftsvertrag mit den Gebrüdern Kechel eine Fabrik zur Herstellung von Gußstahl. Die beiden Kechels sagten, sie kennten das Geheimnis der Herstellung von Gußstahl. In Wahrheit kannten sie es nicht. Gerade diejenigen, die Vater Friedrich ruinierten, wurden später Paten seines ältesten Sohnes Alfred, der mit dem Namen des Vaters eine Firma von Weltgeltung aufbaute: Fried. Krupp.

Krupp, der auf die beiden Brüder hereingefallen war und sein Vermögen in den Bau eines Fabrikgebäudes in Altenessen investiert hatte, trennte sich 1814 von den Kechels. Auch mit dem zweiten Teilhaber, dem Berliner Rittmeister Friedrich Nicolai, hatte Krupp kein Glück. Auch des Rittmeisters Gußstahlkenntnisse (in einem preußischen Patent waren sie ihm bescheinigt worden) reichten nicht aus.

Doch Oktober 1816 schien sich das Blatt zu wenden: Krupp lieferte nach vielen Experimenten zum erstenmal eine größere Menge Gußstahl für die Hüttengewerkschaft und Handlung Jacobi, Haniel & Huyssen in Oberhausen-Sterkrade. Dort, auf der Hütte Gute Hoffnung, hatte Krupp seine Kenntnisse über die Eisenverarbeitung erworben. Immerhin hatte die Hütte seiner Großmutter Helene Amalie (später wird das der Name einer bedeutenden Krupp-Zeche) von 1800 bis 1808 gehört. Auf der Hütte hatte er sich auch mit Franz Dinnendahl angefreundet, dem Tüftler aus Steele, dem Dampfmaschinenpionier.

Als die Großmutter die Hütte verkauft hatte, arbeitete Enkel Friedrich in der 1732 gegründeten Kolonialwarenhandlung der Familie Krupp. Ein Jahr zuvor noch war dem 19jährigen die Leitung der Hütte übertragen worden, „um ihm ein ordentliches Auskommen zu verschaffen", wie die Großmutter verfügt hatte. Doch damit hatte er sich übernommen. Aber die Kolonialwarenhändlerschaft war nichts für ihn. 1811 trieb es ihn wieder ans Eisen. Für den damals berühmten Kunstmeister Dinnendahl goß er schwierige Maschinenteile. 1817 schließlich schien der Erfolg schwerer Jahre sich einzustellen. Fachleute erklärten, besseren Stahl als den von Friedrich Krupp nie verarbeitet zu haben. Und die preußischen Münzanstalten hätten soviel Kruppstahl abgenommen, daß sich sein Unternehmen hätte tragen können. Krupp jedoch probierte und versuchte erneut, verzettelte sich in neuen Plänen und neuen Projekten, träumte von einer neuen Fabrik, von der Herstellung von Draht usw., vor allem von der Unterstützung durch den Staat – bis es zu spät war. Jahre großer Enttäuschungen, schmerzlicher Verluste und verzweifelter Versuche, dem Niedergang zu entrinnen, folgten. Ver-

Die Kruppsche Gußstahlfabrik auf der Walkmühle 1815.

wandte, vor allem die Mutter, unterstützten den inzwischen glücklosen Unternehmer. Als Techniker war er auch in diesen niederdrückenden Jahren erfolgreich. Doch auch die guten Atteste, die ihm der „Verein zur Beförderung des Gewerbefleißes" in Berlin für die Probesendungen seines Stahls ausgefertigt hatte, brachten nicht die von ihm erhoffte Unterstützung des Staates. Wie sich selbst, habe er auch dem Werk zuviel zugemutet, kommentierte Ernst Schröder Friedrich Krupps Unternehmerunglück: „Die gesammelten Aufträge gingen über die Leistungskraft der kleinen Fabrik hinaus." Und dennoch ließ das Genie in Friedrich Krupp das ständige Tüfteln nicht sein. Schröders Analyse: „Friedrich Krupp ging am Erfinderehrgeiz zugrunde."

Hinzu kamen Herz- und Lungenbeschwerden. Es kam zum Zerwürfnis mit dem Schwiegervater. Die Schuldenlast wurde so groß, daß die Familie das Stadthaus in Essen aufgeben mußte und mit vier Kindern im kleinen Aufseherhaus neben der Fabrik von 1819 regelrecht Zuflucht suchte. Als der älteste Sohn Alfred 13 Jahre alt war, nahm ihn der Vater von der Schule. Beim kranken Vater ging Alfred in die Lehre. Wenige Monate später starb Friedrich Krupp.

Der letzte Krupp oder der Familienrat

Alfried Krupp von Bohlen und Halbach 1907 – 1967

Als der amerikanische Wachsoldat den Gefangenen in der süddeutschen Festung Landsberg nach der korrekten Anrede fragte, erwiderte der Deutsche: „Nennen Sie mich Krupp." Als Alfried von Bohlen und Halbach, der letzte, der seinem Namen diesen voranstellen durfte, nämlich Krupp, am 30. Juli 1967 starb, gab es keinen Krupp mehr. Seither gibt es nur noch „die Familie", BuH, die von Bohlen und Halbachs. Doch eine sechste Generation Krupp gibt es nicht.

„Aber es gibt den Kruppschen Geist!" Trotz überrumpelnden Charmes wird Diana Maria Friz, deren Onkel Alfried und deren Großmutter Bertha Krupp waren, an dieser Stelle vehement. Diesen Kruppschen Geist glaubt die Familie, für sich reklamieren zu können.

Als 1943 Alfried von Bohlen und Halbach zum Alleininhaber des Familienunternehmens Fried. Krupp geworden war, wurde der Familienrat als „Interessenvertretung gegenüber dem Alleininhaber mit auch aufsichtsratsähnlichen Funktionen" einberufen.

Alfried Krupp von Bohlen und Halbach als Gefangener bei der Vernehmung durch einen amerikanischen Beamten während des Nürnberger Krupp-Prozesses. Der amerikanische Fotograf Henry Ries hat dieses in Deutschland bisher kaum gezeigte Bild für die „New York Times" gemacht. Zunächst hatten die Alliierten die Absicht, Gustav Krupp oder ersatzweise Alfried Krupp neben Göring und anderen Nazi-Größen auf die Anklagebank des Nürnberger Hauptkriegsverbrecherprozesses zu setzen. Dann hielten sie es jedoch für zweckmäßig, einen eigenen Krupp-Prozeß abzuhalten, der im Dezember 1947 ebenfalls in Nürnberg begann und gegen Alfried Krupp und elf leitende Mitarbeiter geführt wurde. Hauptanklagepunkt war die menschenverachtende Praxis der Zwangsarbeit, die auf Anweisung der NS-Machthaber in nahezu allen deutschen Unternehmen und Betrieben geschah. Alfried Krupp wurde in einem der drei Nachkriegs-Wirtschaftsprozesse (Flick, IG Farben, Krupp) zu zwölf Jahren Haft verurteilt.

Alfried, 1948 als „der Krupp" in einem der Nürnberger „Nachfolgeprozesse" von einem amerikanischen Militärgericht wegen Kriegsverbrechens verurteilt und seit 1945 inhaftiert, kam 1951 begnadigt frei. Vier der acht Kinder sowie zwei Enkelkinder Bertha Krupps wurden abgefunden, was zum Beispiel Harald und Berthold ermöglichte, eigene Unternehmen zu erwerben, Waltraud Landbesitzerin in Argentinien zu werden und Irmgard sich in München zu etablieren (mit sechs Kindern ihrer Mutter Bertha ähnlich). Immerhin wurden im März 1953 an sechs Familienmitglieder je elf Millionen Mark Abfindung gezahlt, eine enorme Summe in jener Zeit. Die anderen Bertha-Kinder waren gestorben: Arnold als Einjähriger, Claus und Eckbert gefallen als Soldaten. Bertha Krupp starb 1957 im Alter von 71 Jahren. Als sie 1902 Erbin von Friedrich Alfred und Margarethe Krupp geworden war, war sie auch zur reichsten Frau des Deutschen Reiches geworden.

„Weil wir Enkelkinder von Bertha Krupp sind, meinen die Leute, wir seien auch Krupp-Erben", sagt Diana Maria Friz, während sie aus Großmamas silberner Hochzeits-Teekanne einschenkt. „Keine müde Mark!" betont die Frau, die der Familienrat zur Sprecherin

Bertha Krupp mit dem Essener Oberbürgermeister Dr. Hans Toussaint.

bestimmt hat. Tatsächlich gibt es nur noch einen Krupp-Erben, einen auf Umwegen: Arnold von Bohlen und Halbach, der in England lebt. Als sein Vater Claus 1940 als Wehrmachtspilot ums Leben kam, bestand dessen Hinterlassenschaft zum Teil auch aus Krupp-Vermögen.

1990 wurde der „Familienrat des Familienunternehmens Fried. Krupp" wieder „rekonstituiert", so formulieren es die Ratsmitglieder: Arnold (Vater Claus), Eckbert (Vater Berthold), Dr. Friedrich von Bohlen und Halbach (Vater Harald). Der Familienrat will Kruppsches Gedankengut, „insbesondere die soziale Komponente, gewahrt" wissen, erläutert Ratsvorsitzender Eckbert von Bohlen und Halbach.

Zwar adelig, seien die Bohlen und Halbachs „überzeugte Bürger", sagt Diana Maria Friz. „Taffy", wie Gustav Krupp von Bohlen und Halbach in der Familie genannt worden ist, sei „als erwählter, nicht geborener Krupp kruppscher als ein Krupp" geworden, womit zunächst Pflichterfüllung und Korrektheit in allen Lebenslagen gemeint sei. Etwas Pietismus scheint bei den Protestanten mitzuwirken. Bei der Heirat der Bertha Krupp mit dem Legationsrat Dr. Gustav von Bohlen und Halbach im Jahre 1906 erteilte Wilhelm II. als preußischer König dem adeligen Bräutigam die Erlaubnis, sich Krupp von Bohlen und Halbach zu nennen. Dieses Recht stände auch dem jeweiligen Sohn zu, der Firmeninhaber werde.

„Der Name Krupp war für die Öffentlichkeit bestimmt", sagt Krupp-Enkeltochter Friz, „um der Firma einen Repräsentanten dieses Namens zu geben." Im Grunde seien alle von Bohlen und Halbachs gewesen, einschließlich der Namensträger Krupp.

Als am 13. August 1907 das erste Kind von Bertha und Gustav Krupp zur Welt kam, hätte niemand im Traum daran gedacht, daß mit

Familien-Idylle: Bertha und Gustav Krupp von Bohlen und Halbach mit vier ihrer insgesamt sieben Kinder (der größere Junge ist Alfried). Zu Weihnachten wurden Fotografien dieser Art „mit freundlichen Grüßen" an das Personal verschickt.

diesem „kräftigen Jungen" knapp 60 Jahre später eine Dynastie zu Ende gehen würde. Alfried Krupp hat die Höhen und Tiefen der Firmengeschichte nahezu symbolisch verkörpert. Für den Herrscher auf Villa Hügel, dessen Pate Kaiser Wilhelm II. war, bedeutete der Name Krupp Würde, ja auch Stolz, Verpflichtung sowieso, gegen Kriegsende Leiden, später Last. Still und bescheiden trat der große, schlanke Mann auf, manchmal regelrecht menschenscheu. Zwar der Inbegriff des schwerreichen Kapitalisten, war er weder Dandy noch ein Stahlbaron – und nicht etwa hart wie Kruppstahl, im Gegenteil soll er einfühlsam gewesen sein. Die Kunst liebte er. Für

Sportwagen begeisterte er sich. Kettenrauchen war sein Laster. Das brachte ihn um: Lungenkrebs und Tod. Entspannt soll er weitab von Deutschland gewesen sein, berichten die, die ihn dabei beobachten konnten. Wenn er auf der Veranda seiner Hazienda in Argentinien saß, die Beine hoch, vielleicht ein Glas Whisky neben sich, da habe es den Anschein gehabt, als ruhe er aus von der Last, der Herr der Ringe zu sein.

Die Kruppianer hielten immer zu ihm, selbst als es finster um die Firma wurde. „Er war der beste Mensch der Welt," sagte sein Diener nach dem Tode Alfried Krupps. Wie seine Vorfahren, hatte auch er am Amboß gestanden, hatte zunächst als Schmied und Schlosser im väterlichen Betrieb gearbeitet, bevor er ein technisches Studium aufnahm. Die bittersten Stunden waren wohl die des Prozesses in Nürnberg, der ihm für seinen nicht haftfähigen Vater gemacht worden ist. Wegen Plünderung und Ausbeutung ausländischer Industrie und Mißhandlung von Fremdarbeitern wurde er zu zwölf Jahren Haft und Einziehung seines gesamten Vermögens verurteilt. 1951 begnadigt, durfte er 1953 wieder in sein Unternehmen zurückkehren.

Unter seiner Leitung erlebte die Firma eine neue Blüte. Bei der 50. Jubilarfeier des Unternehmens am 1. April 1967 jedoch änderte sich in der Familiengeschichte alles. Alfried Krupp nahm die Verpflichtung des Firmenstammvaters Alfred vom Februar 1873 auf: „Der Zweck der Arbeit soll das Gemeinwohl sein." Der letzte Krupp gab bekannt, daß das Unternehmen über eine Stiftung, „die Ausdruck der dem Gemeinwohl verpflichteten Tradition des Hauses Krupp sein soll", in eine Kapitalgesellschaft umgewandelt wird. Das sicherte er testamentarisch ab. Ein Jahr zuvor hatte sein Sohn Arndt auf das Erbe als Nachfolger in der Alleininhaberschaft verzichtet. Wenige Monate nach dieser legendären Jubilarfeier, am 30. Juli 1967, starb der letzte Herr der Ringe.

Das Testament, Berthold Beitz und die Familie.

Wer A sagt, muß auch B sagen. A wie Alfried, B wie Beitz. Schneller als erwartet, wurde Alfried Krupps engster Vertrauter der neue Herr auf dem Hügel: Berthold Beitz. Am 1. November 1953 nahm er seine Arbeit bei den Krupp-Werken auf. Er wurde Generalbevollmächtigter des Inhabers und übernahm nach dessen Tod die Verantwortung für die Stiftung. Als Testamentsvollstrecker fühlte er sich später dem Auftrag des letzten Krupp verpflichtet. Er war es auch, der Krupp-Sohn Arndt zum Erbverzicht bewegte. „Ich habe als Testamentsvollstrecker die Aufgabe, den Willen des Erblassers zu erfüllen", sagte er einmal.

Der Familienrat der von Bohlen und Halbach sieht das anders. Der meint, die Familie wäre Hüter Kruppschen Gedankengutes und Geistes. Deshalb zog die Familie 1992 vor Gericht. Sie drängt auf Änderung bei der „Alfried Krupp von Bohlen und Halbach-Stiftung", will im Kuratorium Personen ihrer Wahl sitzen haben, um so die Rechtsposition wieder zu erlangen, „die ihr von BB genommen" worden sei. Beitz dagegen zitierte den Erblasser Alfried Krupp in einem „Spiegel"-Gespräch so: „Keiner von der Familie soll Anspruch auf einen Sitz im Kuratorium haben, das gibt nur Ärger."

Die Familien-Kläger fordern „angemessene Präsenz der Familie", die sie als „nichtvermögensrechtliche Ansprüche" durchfechten wollen. Das garantiere Wahrung der sozialen Komponente im Kruppschen Sinne, verhindere, daß sich die Stiftung zu einer „Funktionärsstiftung unter mehr oder weniger politischem Einfluß" entwickle. Das Oberlandesgericht Hamm gab den Klägern nur in einem Punkte recht: „Das Interesse der Antragsteller wird weitaus überwiegend von ideellen Motiven bestimmt."

In entscheidenden Situationen immer dabei: Berthold Beitz (rechts) zusammen mit Alfried Krupp bei der 50. Jubilarehrung der Firma Krupp.

Rechte Seite: (v. l. n. r.) Berthold Beitz, Arndt von Bohlen und Halbach und dessen Vater Alfried Krupp.

Mit dem 30. Todestag von Alfried Krupp am 30. Juli 1997 lief die Testamentsvollstreckung ab. Doch die Klage der Familie schwelt. Beitz bekleidet die Funktion des Stiftungsvorstandes und des Vorsitzenden sowie geschäftsführenden Mitgliedes des Kuratoriums. Immerhin besitzt die Stiftung mit etwas mehr als fünfzig Prozent die Mehrheit an der AG und nimmt Einfluß auf die Besetzung des Aufsichtsratsvorsitzenden. Sein Ton wurde eisig, als ein Journalist ihn nach Sitz und Stimme der Familie im Kuratorium fragte: „Ich bin der letzte, der den Namen Krupp hochhält. Den Einfluß, den mir Alfried Krupp zugedacht hat, habe ich aus innerer Überzeugung dazu benutzt, daß der Name Krupp überlebensfähig blieb. Wer anderes anstrebt, bekommt mit mir Ärger." Offizielle Äußerung der Stiftung Mitte des Jahres 1997: „Wir sehen einer Klage gelassen entgegen".

Ende Januar 1998 gab das Essener Landgericht Stiftung und Beitz recht. Schon der Großvater der jetzt vor Gericht ziehenden Enkel, Alfred Krupp, hatte testamentarisch festgelegt, der zweite Nacherbe könne frei über das Krupp-Vermögen bestimmen. Dieser zweite Nacherbe war Alfried Krupp. Durch seinen Willen sei die Ära der Kruppschen Patriarchen an der Firmenspitzte beendet worden, argumentieren die einen. Die anderen, die Enkelgeneration, vertreten durch Eckbert und Friedrich von Bohlen und Halbach, will von höchster richterlicher Instanz klären lassen, ob sich dies so auf die Stiftung auswirken darf, wie es sich in der Praxis auswirkt: Ausschluß der Familie von Bohlen und Halbach aus dem Stiftungskuratorium. Finanzielle Interessen verneinen sie bei ihren Bemühungen, doch eine endgültige juristische Entscheidung des Bundesgerichtshofes zu ihren Gunsten setze die Familie wieder ins Recht, hoffen sie – gewiß erhoffen sie auch das rechte Licht, das der Name Krupp ausstrahlt.

Im Sinne des Gemeinwohls

Die Alfried Krupp von Bohlen und Halbach-Stiftung hat sich der Förderung von Wissenschaft, Erziehungs-, Bildungs- und Gesundheitswesen, Sport, Literatur, Musik und Kunst verschrieben. Sie will „die Einheit des Unternehmens wahren und die ihr zufließenden Erträge ausschließlich und unmittelbar für gemeinnützige Zwecke verwenden."

Die bisherige Gesamtförderung beträgt 516 Millionen Mark. Herausragend ist das Alfried Krupp-Krankenhaus in Essen. Weitere Beispiele: China-Stipendien für deutsche Studenten, Privatuniversität Witten/Herdecke, Stipendien für Nachwuchswissenschaftler und Führungskräfte aus Mittel- und Osteuropa, Arabisches Gesundheitszentrum in Jerusalem, Neubau des Essener Museums Folkwang, Ausbau des Schauspielhauses Essen, Zuschüsse für Kataloge bildender Künstler, Fotografie-Preise und Stipendien für Fotografen... NRW-Ministerpräsident Johannes Rau ist ein Mitglied des Kuratoriums, Berthold Beitz steht ihm vor; auf eine Initiative von Beitz geht auch die Gründung der Kulturstiftung Ruhr zurück, mit deren Mitteln das Ruhrgebiet als einheitliche Kulturlandschaft dargestellt und belebt werden soll.

Ohne den Verzicht des Krupp-Sohnes Arndt von Bohlen und Halbach hätte es die Stiftung nicht gegeben. Er erklärte nach langen Beitz-Gesprächen, er wolle jenes Erbe nicht antreten, das ihn irgendwann zum Herrn Krupp an der Spitze des Unternehmens gemacht hätte, und er erhielt im Gegenzug eine jährliche Apanage von zwei Millionen Mark als Abfindung. 1986 starb er.

Verloren Anfang 1998 vor dem Essener Landgericht, wollen vom Bundesgerichtshof das Testament ihres Onkels, Alfried Krupp von Bohlen und Halbach, juristisch bewerten lassen: Eckbert (links) und Dr. Friedrich von Bohlen und Halbach.

„Erst die Menschen, dann die Maschinen. Das ist bei uns seit hundert Jahren so üblich."
Alfried Krupp von Bohlen und Halbach 1953 auf die Vorhaltungen seiner Direktoren, warum die verfügbaren Geldreserven als 50prozentige Rentenzahlung für 16 000 Krupp-Pensionäre verwendet werden sollten und nicht als Investitionen für neue Fabriken und neue Maschinen.

„Krupp ist nicht Essen, Krupp ist in Essen."
Häufiger Spruch des ehemaligen Essener Oberbürgermeisters Wilhelm Nieswandt, gelernter Schmied, gegenüber auswärtigen Gästen.

„Der Teufel soll sie holen, die Krupp und die von Bohlen."
Refrain eines Gedichtes, das Anfang der fünfziger Jahre in einer Essener Zeitung stand.

Krupp bleibt dem Ruhrgebiet verbunden

Auch wenn Krupp seine internationale Präsenz stetig ausbaut, bleibt der Konzern im Ruhrgebiet stark vertreten. Insgesamt finden heute in der Region zwischen Bochum, Dortmund, Ennepetal, Essen und Hagen rund 20 000 Mitarbeiter ihren Arbeitsplatz im Zeichen der „Drei Ringe".

In Essen, dem Stammsitz, sind heute rund 3 000 Mitarbeiter beschäftigt. Neben der Konzernleitung haben in Essen die Spartenführungsgesellschaften Krupp Engineering, Krupp Thyssen Stainless und Krupp Hoesch International ihren Sitz. Darüber hinaus beschäftigen die Krupp Bautechnik 400 Mitarbeiter, die Krupp Kunststofftechnik 550 Mitarbeiter, die Krupp Fördertechnik 540 Mitarbeiter sowie verschiedene Handels- und Dienstleistungsunternehmen (Krupp Hoesch Stahlexport, Krupp Nirosta Export, Krupp Druckerei, Reisebüro etc.) 1 200 Mitarbeiter.

Die Qualitätsstahlaktivitäten des Krupp-Konzerns wurden zum 1. September 1997 in die Thyssen Krupp Stahl AG (TKS) eingebracht. An der neuen Gesellschaft mit Sitz in Duisburg ist Krupp mit 40 Prozent, Thyssen mit 60 Prozent beteiligt. Mit einem Umsatz von rund 11 Milliarden Mark und einer Rohstahlproduktion von 15 Millionen Tonnen nimmt TKS in Europa die erste und weltweit die dritte Position ein. Neben Duisburg gehört auch Dortmund zu den wichtigsten Standorten von Thyssen Krupp Stahl.

Weltweit führend bei Edelstahlflachprodukten ist Krupp Thyssen Nirosta. An dem Unternehmen hält Krupp 60 Prozent und Thyssen 40 Prozent der Anteile. Fast 1 000 Mitarbeiter haben ihren Arbeitsplatz in Bochum. Im Gebäude der ehemaligen Krupp Stahl AG, Bochum, arbeitet heute die Spartenführungsgesellschaft Krupp Hoesch Automotive. In Hagen sind mit Hoesch Hohenlimburg und Hoesch Federn weitere Krupp-Unternehmen beheimatet.

Die zahlreichen einzelnen Krupp-Betriebe und Beteiligungen sind in den letzten Jahren organisatorisch neu geordnet worden. Nach dem Anlagenbau, der inzwischen Krupp Engineering GmbH heißt, sind mit wirtschaftlicher Wirkung vom 1. Januar 1997 auch die Sparten Maschinenbau und Verarbeitung unter der neugegründeten Krupp Hoesch Industries GmbH zusammengefaßt worden. Handel und Dienstleistungen heißen bei Krupp nun „Trading". Auch alle Gesellschaften der Sparte Automotive führen inzwischen den Namen Krupp im Firmenkopf. Mit diesen organisatorischen Veränderungen will der Konzern der Internationalisierung besser Rechnung tragen.

Weltweit zählt der Krupp-Konzern heute rund 58 000 Beschäftigte. 10 000 sind außerhalb Deutschlands und der Europäischen Union tätig, in Amerika 7 300, in Asien 2 100.

Unter dem dritten Krupp expandierte die Firma zu internationaler Größe: Friedrich Alfred Krupp.

Von Beruf keine Nachfahren

Auf Friedrich Alfred, den dritten Krupp, lassen die adeligen von Bohlen und Halbach nichts kommen. Beim „kleinen dicken Krupp", wie sie ihn liebevoll-respektlos nennen, hätte sich schließlich die Firma vervierfacht. Er habe gegen des Vaters Stachel gelöckt, heiratete gegen dessen Willen eine Adelige, wurde trotz des Grollens des alten Alfred „der erste Wissenschaftler von uns". Tatsächlich leitete Friedrich Alfred Krupp erfolgreich das Unternehmen und betrieb als Steckenpferd ernsthafte Meeresforschung. Obwohl sein Tod geheimnisumwoben bleibt, scheinen sie alle diesen dritten Krupp zu verehren. Auch er wäre der Kunst und der Wissenschaft mehr als zugetan gewesen, nennt Diana Maria Friz, Nichte des letzten Krupps, unter anderem als Erklärung der Familienliebe ausgerechnet für diesen Krupp. Und was wäre der „immens aktiv" gewesen!

An Krupp beteiligt sind die Alfried Krupp von Bohlen und Halbach-Stiftung mit über 50 Prozent, die Islamische Republik Iran mit rund 22 Prozent und die WestLB mit über 5 Prozent. Der Rest liegt im Streubesitz. In den Sparten Industries, Anlagenbau, Automotive, Nirosta (Edelstahlflach) und Handel wurden 1997 rund 24 Milliarden Mark umgesetzt, davon 60 Prozent im Ausland.

So seien die Krupps nun einmal, „schrecklich aktiv und pflichtbewußt". Mit Krupps meinen sie sich, die von Bohlen und Halbachs, deren Adelsblut dünn geworden sei. Die alten Krupps, Alfred und eben jener Friedrich Alfred, schlügen durch. Eckbert, der Vorsitzende des Familienrates, ist Geschäftsführer der familieneigenen Holding-Gesellschaft Bohlen-Industrie GmbH mit Beteiligungen im In- und Ausland, Sitz Essen, die er gemeinsam mit Vetter Friedrich (Vater Harald), einem Doktor der Biochemie, betreibt, der gleich-

Kumpels einer Krupp-Zeche nach der Schicht. Die Aufnahme aus den fünfziger Jahren des 20. Jahrhunderts stammt aus der Zeit der Lederhelme, die später durch Schutzhelme aus Plastik abgelöst worden sind. Typisch für die Zeit: Die Kaffeepullen aus Aluminium und das „Mutterklötzchen". Die Aluminiumkannen überstanden jeden Stoß bei der Arbeit unter Tage, zwar verbeult, blieben sie jedoch ganz. Mutterklotz: Offiziell verboten, doch still geduldet. Die Bergleute sägten sich von Holzstempeln ein aktentaschengroßes, ofenlanges Stück ab, umwickelten es mit Draht oder einem Gummiband in der Mitte, teilten es mit dem Bergmannsbeil am Kopfende in mehrere kleinere Spaltstücke, die durch die Verbindung in der Mitte zusammengehalten wurden. Diesen Mutterklotz brachten sie ihrer Frau, der Mutter, zum Feueranmachen mit.

zeitig im Vorstand der WASAG-Chemie und Geschäftsführer einer hundertprozentigen Tochter in Augsburg ist. Friedrich, Ururenkel von Alfred Krupp, gewann 1997 als Mitbegründer der Heidelberger Firma für Gentechnik „Lion Bio-Science AG" den „Innovationswettbewerb" der SPD. Der Diplom-Volkswirt Eckbert von Bohlen und Halbach ist beispielsweise sowohl Mitglied des Förderkreises des Hauses der Kunst in München wie des Guggenheim-Museums New York und des Fördervereins zum Ausbau der Villa von George C. Marshall in USA: „Meine Generation baut doch auf dem auf, wozu der Marshall-Plan nach 1945 erste Hilfe gab."

Keine Ferienhäuser im Tessin? Keine Yachten im Mittelmeer? Arm doch wohl nicht? Onkel und Vater hätten, nach mehr als zehn Jahren russischer Kriegsgefangenschaft, etwas aufgebaut, dem die Kinder nachfolgten, betont Eckbert: „Gewinne reinvestieren wir – auch mit dem Risiko des Verlustes."

Nur Doerthe von Bohlen und Halbach, Witwe Haralds, und ihr Sohn Georg leben noch in Essen, alle anderen andernorts. Die Schwestern von Alfried Krupp zogen aufs Land. Irmgard, sechs Kinder aus zweiter Ehe, ist „Altbäuerin" eines Landgutes bei Rosenheim. Dort lebt auch Bertholds Witwe Edith. Waltraud steht ihren Ländereien in Argentinien vor. Deren Tochter Diana Maria Friz lebt als Unternehmensberaterin in Arolsen und in Argentinien; sie knüpft Kontakte für deutsche Firmen nach Südamerika. Arnold, Sohn von Alfried-Bruder Claus, ist „Privatier" mit Familie in London. Das Schicksal macht auch vor großen Namen nicht Halt: Georg, der zweite Harald-Sohn, erlitt als junger Mann bei einem Autounfall schwere Schädelverletzungen, die nachwirken. Harald-Tochter Sophie machte früh beim Aufbau Ost mit: Die Betriebswirtin arbeitet in der Protokollabteilung der Leipziger Messe.

Als Erben des Kruppschen Geistes verstehen sie sich. „Doch von Beruf sind wir nicht Nachfahren", sagt Diana Maria Friz. „Wir haben unser eigenes Leben." Essen? Beruflich manchmal ein Ziel, Folkwang- und Ruhrlandmuseum bei wichtigen Ausstellungen stets. Villa Hügel? Der Ort, der für die fünfte Generation nie Wohnort war, in dem sie als Kinder unterm Dach Gespenster gespielt haben, während unten die Großen feierten, wird per Eintrittskarte betreten: „... ein seltsames Gefühl." Eingeladen werden sie nicht.

Gründer & Erben

Thyssen

Kleiner Mann wird großer Berg- und Schloßherr

August Thyssen 1842 – 1926

August Thyssen um 1917, Gemälde von Franz Josef Klemm.

Fritz Thyssen 1873 – 1951
Amélie Thyssen 1877 – 1965
Anita Gräfin Zichy-Thyssen 1909 – 1990
Federico Graf Zichy-Thyssen 1937
Claudio Graf Zichy-Thyssen 1942
Heinrich Baron von Thyssen-Bornemisza, Sohn von August Thyssen 1875 – 1947
Hans Heinrich Baron von Thyssen-Bornemisza 1921
Georg Heinrich Baron von Thyssen-Bornemisza 1950

„Das war ein großer Mann". Mit dem Abstand eines Jahrhunderts scheinen sich hymnische Charakterisierungen leicht zeichnen zu lassen. Der Chefkommentator eines deutschen Massenblattes beschrieb beim Stahlgewitter zwischen Krupp und Thyssen im Frühjahr 1997 „August Thyssen, kleiner zäher Unternehmer, der den Konzern vor 100 Jahren aufgebaut hat" nahezu als den Prototypen eines humanen Kapitalisten. Ähnlich verklärt geisterte Thyssens Gründergestalt während des Kruppschen Versuchs, durch Erwerb der Aktienmehrheit den Thyssenkonzern zu übernehmen, durch die Medien. Die Konzernherren von 1997, Erben der Gründerzeit, gerannen in vielen Schwarz-Weiß-Zeichnungen denn auch zu „unreifen Jungs, die Gier mit Weitblick verwechseln". Nein, so im Frühjahr 1997 posthum eingeschätzt, der alte August Thyssen hätte nie zugelassen, was durch die sogenannte „feindliche Übernahme" von Krupp bei Thyssen 1997 drohte: Arbeitsplatzverlust für Zehntausende. Er selbst habe doch beschrieben, wie er nachts wachgelegen habe, um nach Mitteln und Wegen zu suchen, Mitarbeiter in Lohn und Brot zu halten. Bei ihm, dem großen Alten, sei niemand entlassen worden. Dickes Lob nach 100 Jahren.

Es stimmt schon: Firmengründer August Thyssen überlegte sich genau, wen er wann entlassen sollte. Anderes wäre auch unternehmerisch unklug gewesen. Muskelkraft war gefragt. Viele Hände brauchte der Mann am Cassabuch, um schwarze Zahlen auf der Habenseite eintragen zu können. Arbeitskräfte zu verlieren, hätte damals tödlich für aufstrebende Unternehmen sein können. Damals war es anders als zum Ende des ausgehenden 20. Jahrhunderts, wo Firmenmanager häufig Entlassungen wie Erfolgszahlen verkünden. Aber auch Thyssen war nicht zimperlich. Der Ruhrorter Landrat Wülfing berichtete: „Wie er selbst ein unermüdlicher Arbeiter ist, verlangt er von seinen Untergebenen sehr viel, und entläßt sie auch ohne weiteres, sobald sie seinen Anforderungen nicht genügen." Doch da er gut bezahlte, sei er bei der Arbeiterschaft und in der Bevölkerung „zwar nicht besonders beliebt, aber auch keineswegs besonders unbeliebt und gehaßt."

August Thyssen war nicht etwa einer, der nicht versucht hätte, was seit Fuggers Zeiten unternehmerischer Brauch ist, sich gegen die Konkurrenz auch so durchzusetzen, indem deren Schwächen erkannt und ausgenutzt werden. Nahezu schamhaft wird von seinen Biographen mitgeteilt, daß der alte Mann in jungen Jahren sich sehr wohl in diesen Praktiken ausgekannt und sie weidlich angewandt hat. Angeschlagene Unternehmen erwarb er („meist verdeckt"). Was nichts anderes war, als Krupp-Manager 1997 auch versuchten: Die Mehrheit einer anderen Firma so zu erwerben, daß der Aufzukaufende erst dann davon erfährt, wenn er sich kaum noch wehren kann und verblüfft feststellen muß, wer sich da klammheimlich ins Firmenbett gestohlen hat. Die Thyssen AG 1997 war deshalb dafür anfällig, weil sie keine Großaktionäre besitzt: Mit Salamitaktik vielen Kleinaktionären die Anteile abluchsen, bis die Mehrheit nicht mehr bei Thyssen, sondern bei Krupp liegt. Was 1997 nicht gelang, schaffte August Thyssen in seinem rastlosen Bestreben, Bruckhausen bei Duisburg für seine Hüttenpläne baureif zu machen. Im Nachhinein läßt sich das leicht als „zäh" glorifizieren. August Thyssen – gewiß ein großer Großindustrieller. Ohne solche Persönlichkeiten wie ihn wäre aus dem Ruhrland sicherlich kein Ruhrgebiet geworden. Doch ein Engel war er keineswegs.

Kaiser und Schloß. Für August Thyssen waren es die liebsten Orte: Das Bergwerk „Deutscher Kaiser" und Schloß Landsberg. Beides mochte er ungemein: Kohle und Kunst – und natürlich Knete, pardon: Taler. Es war sein Wunsch, daß Schloß Landsberg seiner Familie als Stiftung erhalten bliebe und seine Enkel möglichst oft dort wohnten. Zwar sind die von August Thyssen privat genutzten Räume Ende der achtziger Jahre unseres Jahrhunderts wieder wie zu seinen Lebzeiten hergerichtet worden, doch sein testamentarischer Wunsch wird selten, eher kaum erfüllt. Statt Enkel nutzen die Burganlage aus dem 13. Jahrhundert auf den Ruhrhöhen an der Grenze zwischen Kettwig und Breitscheid, die der alte Thyssen 1903 erworben und hatte ausbauen lassen, Manager und Mitarbeiter der Thyssen AG zu Tagungen und Seminaren.

Damals, kurz nach der Jahrhundertwende, war er der größte Bergherr im Westen des Deutschen Reiches. Nun wollte er auch Schloßherr werden. Doch lebte er auf Landsberg wie ein vermögender Bürger mit Familiensinn, kaum wie einer vom Adel. Zwar häufte er Kunstwerke um sich, zwar achtete er auf Sitte und standesgemäßes Auftreten, hielt beispielsweise seinen Sohn an, bei einem Empfang auf Landsberg sich entsprechend zu kleiden, aber zum fürstlichen Schloßherrn schwang er sich nicht auf. Doch die Größen von Politik, Wirtschaft und Kultur verneigten sich vor ihm.

In diesen Jahren kam ihm keiner in Rheinland und Westfalen an Kohlenausbeute gleich. Kein Zechenbesitzer konnte sich mit dem kleinwüchsigen Herrn von Landsberg vergleichen. Seine Roheisen- und Rohstahlproduktion waren marktbestimmend. Seine Schiffe steuerten die Häfen des Kontinents und Afrikas an. Seine Handelsorganisation war ins Gigantische gewachsen. Großdampf- und Großgasmaschinen, Walzwerkeinrichtungen baute seine Maschinenfabrik. Und wie bei Grillo das Gas, so waren es bei Thyssen Wasser und Gas: Die umliegenden Städte und Kommunen wurden an den werkseigenen Wasser- und Gasverbund angeschlossen. Als die Städte auch nachts zu leuchten begannen, war Thyssen einer der Pioniere. Mit der Lieferung von Thyssen-Gas nach Barmen vollbrachte das Unternehmen für die damalige Zeit eine gewaltige Ingenieurleistung; immerhin wurde eine Leitungsstrecke von 52 Kilometern vom Schacht 4/8 in Duisburg-Hamborn über Styrum, Saarn, Mintard, Heiligenhaus, Velbert, Neviges bis zum Gaswerk Barmen quer durchs Bergische Land errichtet. Darüber hinaus schlug der Unternehmer Thyssen eine Bresche in das kommunale Gasnetz. Und – was im Konkurrenzkampf wohl am meisten zählte – er hatte den Mitbewerber Hugo Stinnes aus dem Rennen geschlagen. Stinnes hatte die Gasversorgung durch das RWE absichern wollen, dem Vorhaben der Barmer Gasplaner jedoch nicht zugestimmt, mit dem gelieferten Gas selbst Handel treiben und beispielsweise Solingen und Remscheid beliefern zu können. August Thyssen dagegen hatte keine Bedenken und wartete mit seinen Angeboten so lange, bis Hugo Stinnes mit den Barmern gänzlich uneins war. Eine typische Haltung des Unternehmers Thyssen: Erst nach aufmerksamer Marktbeobachtung wurde er aktiv und machte das Geschäft.

In Eschweiler bei Aachen wurde August Thyssen am 17. Mai 1842 geboren. Da hätte ihm wohl keiner eine steile Karriere zu einer führenden Persönlichkeit der deutschen Schwerindustrie vorausgesagt. Doch die Eigenschaften der Stiergeborenen hatte der Mann: zuverlässig, zu seinem Wort stehend, zupackend vor allem. Das Klima einer kinderreichen Familie mit streng katholischer Kaufleute-, Handwerker-, Lehrer- und Beamtentradition, bürgerlich, bäuerlich und bodenständig, war schon geeignet, den vom Wuchs her kleinen Mann, unter 1, 60 m groß, zu beseelen, nach oben zu wollen. Ein Vorfahr war Spezereihändler, der Vater Teilhaber und Direktor einer Drahtfabrik, später Privatbankier mit Wechselstube. Den geschickten und sparsamen Umgang mit Geld hatte schon der jugendliche Thyssen im Elternhaus miterlebt. Später wurde selbst in Direktorenkreisen über den „Spartick" der Thyssen-Geschwister Josef, August und Balbina gewitzelt. Beispielsweise „belohnte" August Thyssen einmal Bahnhofsvorsteher und Gehilfen von Mintard mit gülden blinkenden Münzen – blankgeriebene Zweipfennigstücke. Und daß Thyssen im Gegensatz zu anderen Unternehmen erst Jahre später Haustelefone anschaffte, lag ebenfalls an der Knauserigkeit des Herrn Prinzipals. Nachdem er durch Umfragen herausgefunden hatte, durch Haustelefone ließen sich keine Laufjungen einsparen, war das Thema Haustelefone für Jahre vom Tisch.

Gewiß entscheidend für die Prägung des später schwerreichen Mannes war wohl das harmonische Familienleben im Elternhaus. Umso mehr litt der Mann dann an seinem gar nicht harmonischen Eheleben und der Scheidung nach Fehltritt seiner Frau mit den Folgen einer Fehlgeburt. Und der Geldstreit mit seinen Kindern machte ihn, wie er mehrmals bekannte, „unglücklich wie nie zuvor in meinem Leben". Zur Charakterbildung kamen in der Jugend eine treue und geschwisterliche Verbundenheit zwischen den sieben Thyssen-Kindern hinzu. Später, auf Schloß Landsberg, dokumentieren das viele Fotos von Zusammenkünften der Familienmitglieder mit Schwagern und Anverwandten. In wirtschaftlichen Dingen handelten die Geschwister unter der Führung von August stets gemeinsam. Verbürgt ist der nachhaltigen Schmerz über den Tod des Bruders Josef, mit dem August als Unternehmer Schreibtisch an

Werkschutz Thyssen um 1900.

Schreibtisch arbeitete. Wie eng die Geschwister zusammenlebten, zeigt die Ehe der jüngeren Schwester Balbina: Sie heiratete den aus einer wallonischen Unternehmerfamilie stammenden Désiré Bicheroux, später zeitweilig Geschäftspartner von August Thyssen. Im Gegensatz zu August waren andere Geschwister dem Leben der Reichen mehr zugetan. Tres'chen Thyssen, die Jüngste, wurde Frau des Margarine- und Spirituosenfabrikanten Hooseman aus Holland. Die Hoosemans residierten und feierten im Mülheimer Luisenthal. Der Margarinefabrikant, ein Lebemann, hatte im Park Klingelknöpfe an Bäume anbringen lassen mit diesen Aufschriften: „1 x schellen = Sekt", „2 x schellen = Bier", „3 x schellen = Schnaps".

August Thyssens Ausbildung begann nicht erfolgversprechend. Den Abschluß an der polytechnischen Schule in Karlsruhe, der heutigen TU, macht er nicht, dafür studiert er anschließend an einer renommierten Handelshochschule in Antwerpen. Nachdem er seine Militärpflicht als sogenannter Einjährig-Freiwilliger absolviert hatte, wurde er mit 23 Jahren Angestellter in Vaters Bank. Doch bevor Sohn August selbst Bankfachmann wurde, war Preußens Gloria angesagt. 1866 wurde August Thyssen Leutnant der Reserve und Bataillons-Adjutant. Zwar kam er nie an die Front, da Österreich von Preußen blitzschnell besiegt worden war, doch soll es gerade diese Militärzeit gewesen sein, die den kleinen Mann zu unternehmerischer Größe wachsen ließ. Die streng hierarchischen Kommando- und Organisationstrukturen des Militärs hätten seinen Vorstellungen von Betriebsstrukturen entsprochen: klare Gliederung, Kompetenz und Verantwortlichkeit von Vorgesetzten auf jeder Ebene. Kurz: Preußische Zucht und Ordnung schwebte ihm für ein Unternehmen vor.

Ein Jahr nach dieser Militärzeit – nicht an der Front verbracht, sondern in der Kaserne – versuchte der 24jährige Thyssen, dieses Führungsideal als Unternehmer umzusetzen. 8 000 Taler lieh ihm der Vater. In der weiteren Verwandtschaft gab es wichtige, oft bedeutende Verbindungen zur Aachener Geschäftswelt. Mit den Talern des Vaters beteiligte sich der Sohn an einem neuen Bandeisenwalzwerk einer wallonischen Industriellen-Familie in

Im Walzwerk, etwa 1890.

Duisburg, jenen Bicheroux, zu deren Familienmitglied Thyssen-Schwester Balbina durch Heirat geworden war. August Thyssen wurde kaufmännischer Leiter der Bandeisen-Fabrik. Doch schon nach vier Jahren löste er den Vertrag; er habe dort nicht genügend Freiheit für seine eigene Tätigkeit gefunden, schrieb er später. Die 8 000 Taler Einlage jedoch wurden ihm zum Segen: 32 000 Taler ließ er sich beim Austritt auszahlen.

Wieder half der Vater. Mit den 32 000 Talern und mit einem gleich hohen väterlichen Anteil begann am 1. April 1871 die eigentliche Ära August Thyssen: Gründung der Firma Thyssen & Co. als Bandeisenwalzwerk in Styrum bei Mülheim. Was folgte, ist ein exemplarisches Beispiel für die industrielle Expansion jener Jahre an der Ruhr: April 1871 Firmengründung, Oktober bereits Produktionsbeginn, 3000 Tonnen Produktion im ersten Betriebsjahr.

Aus den zwei Hektar Firmengelände wurden immer mehr. Reservegelände und günstige Verkehrsbedingungen – das wäre notwendig, um zu wachsen, sagte Thyssen. Doch Straßen- und Eisenbahnlinien waren ungünstig, der Zugang zur Ruhr fehlte. Der Mann begann zu kaufen: beispielsweise Unternehmen, deren Entwicklung unterdurchschnittlich verlaufen war, zu günstigen Kursen, zunächst oft verdeckt, wie Biographen die Raffinesse des Kapitalisten vornehm umschrieben. So brachte er sich ab 1883 nach und nach in den Besitz der Kuxe des Steinkohlebergwerkes Hamborn, später „Deutscher Kaiser", schaffte es, sich in den Grubenvorstand wählen zu lassen, und übernahm 1889 den Vorsitz dieses Bergwerkes. So, von unten gesichert, strebte er nach oben, strebte nach Landbesitz über den Grubenfeldern, noch Sand- und Bruchland, wie notiert wurde, immerhin aber war es Eigentum armer Bauern. In wenigen Monaten hatte er nahezu die gesamte Bauernschaft Bruckhausen erworben, später eines der Zentren deutscher Schwerindustrie. Der Ire William Thomas Mulvany hatte schon Mitte des 19. Jahrhunderts kopfschüttelnd die Leichtsinnigkeit kritisiert, mit der westfälische Bauern ihr Land für wenig Geld hergaben, ohne vom Wert der Bodenschätze unterm sandigen Acker zu ahnen. Ein Vierteljahrhundert

Bereits 1895 ließ August Thyssen ein Thomas-Stahlwerk bauen, um unabhängig vom Schrottmarkt auch Stahl aus phosphorreichen Erzen erzeugen zu können. Auf zeitgenössischen Postkarten wurden Thomas- und Martinwerk der Gewerkschaft Deutscher Kaiser als „Gruß aus Bruckhausen (Rheinl.)" aus dem aufstrebenden Ruhrgebiet verschickt.

später wandte Thyssen im Rheinland jene Kaufmethoden an, die Mulvany kritisiert hatte.

Der auf Zuwachs bedachte Unternehmer verfolgte damit auch sein Ziel günstiger Verkehrsbedingungen. Der „Deutsche Kaiser" betrieb eine Zechenbahn zum Staatsbahnhof Neumühl, hatte einen eigenen Rheinhafen bei Alsum, und dieser Hafen wiederum hatte eine Eisenbahnverbindung zum Bergwerk. 1890 hatte er alle eintausend Kuxe vom „Deutschen Kaiser" in der Tasche. Ein Jahr später, Dezember 1891, wurde zum ersten Mal Stahl in Bruckhausen abgestochen. Der Bergherr begann, Stahlgigant zu werden. Mit ausgeklügelter Vorgehensweise, vor allem jedoch mit Überblick hatte er den Grundstock eines Industrieimperiums gelegt, das im 20. Jahrhundert neben Krupp zum Inbegriff der deutschen Schwerindustrie wurde.

Im Gegensatz zu Hugo Stinnes sen. hatte Thyssen ohne Bankenkonsortium und kapitalkräftige Privatleute sein Unternehmen aufgebaut. Unternehmerisches Wirken wäre dann am erfolgreichsten, soll er gesagt haben, wenn die Abhängigkeit von Kapitalgebern und Lieferanten möglichst gering sei. So blieben alle Geschäftsanteile im Familienbesitz, aber auch die Gewinne blieben im Unternehmen. Als Thyssen-Stahl weltweit begehrt war, umwarben die Banken den Mann mit der auffallend hohen Stimme, trippelnden Schritten, raschen, ein wenig hastigen Bewegungen. Reichsbankpräsident Hjalmar Schacht beschrieb ihn so. Der 83jährige Thyssen, der am 4. April 1926 starb, habe „klein von Gestalt, mit einem weißen Spitz- und Schnurrbart ... von weitem" ausgesehen „wie ein altgewordener Lenin".

Mit dem Tod hatte auch Thyssen sich bei Tischgesprächen befaßt. Adeline Stinnes-Coupienne schätzte er dabei besonders. Ihr sagte er einmal: „Nach dem Tod ist man schnell vergessen. Als wir hier in diese Gegend kamen, war weitaus der größte Mann Grillo. Wer spricht heute noch von Grillo?" Als der Mann, der den höchsten päpstlichen Orden besaß, doch nie angelegt hat, im Sarg per Kutsche vom Schloßhof zu Grabe gefahren werden sollte, gingen beinahe die Pferde durch. Eine Reihe von Berliner Fotografen, so wurde empört notiert, hatte die Gäule mit den Blitzlichtern der Fotoapparate erschreckt. Der Legende nach soll Thyssen dabei das

Geheimnis mit ins Grab genommen haben, wer jene Dame war, die er zu Fuß (ein Automobil besaß er nie) von Landsberg aus häufig in Kettwig besuchte. Gemunkelt wurde, es solle ein Mariechen gewesen sein. Nach der Scheidung von seiner Frau hatte Thyssen nie nach einer neuerlichen ehelichen Verbindung gestrebt. Ob dieses Mariechen jene Marie Fromen gewesen war, Teilhaberin einer Konservenfabrik, die in Thyssens Testament auch bedacht worden ist, hat nie jemand gewagt herauszufinden.

Vom Froschteich zum Schloß

Nach seinem 60. Lebensjahr (1902) soll sich August Thyssen zum erstenmal darüber Gedanken gemacht haben, den Wohnsitz Haus Froschenteich in Mülheim aufzugeben. Am 11. April 1903 wird der Kaufvertrag unterschrieben, durch den der Fabrikbesitzer August Thyssen Herr von Schloß Landsberg auf den Ruhrhöhen wurde, direkt auf der Grenze Kettwig/Breitscheid. Im August 1904 zog Thyssen in sein Schloß – doch ohne Familie. Der Mann, der soviel auf familiäre Bindungen gehalten hatte, war 1885 geschieden worden. Ein Diener und ein Kutscher waren seine ersten Hausgenossen. In seinen Fabriken und Zechen brauchte er nicht mehr täglich präsent zu sein: Ein Telefon, lange von ihm als nicht nötig betrachtet, verband ihn nicht nur mit den verantwortlichen Betriebsführern, die ihrem Prinzipal ergeben waren, sondern auch mit seinem Bruder Josef im Mülheimer Werk und seinem Sohn Fritz in Duisburg-Hamborn beim Bergwerk „Deutschen Kaiser".

„Ihre Mitteilungen über Landsberg haben mich sehr erfreut. Landsberg ist das einzige Gut, was man per Wagen von Mülheim aus

Letzte Grubenfahrt von August Thyssen zwei Jahre vor seinem Tod (links) neben dem Ehepaar Gussi und Konrad Adenauer am 21. Juli 1924. Noch 1963 erklärte Bundeskanzler Dr. Adenauer, August Thyssen sei nicht nur sein Freund gewesen, sondern wäre neben Flick und Pferdmenges einer der wenigen Unternehmer gewesen, die politisch zu denken vermocht hätten.

erreichen kann. Dabei hat es guten Wald und Wasser. Auch ist die Lage in den Bergen mir erwünscht, sowohl für das Genesungsheim wie für eine Schloßwohnung." August Thyssen in einem Brief im Oktober 1902 an seinen Mittelsmann bei der Suche nach einem Schloß. Was Thyssen mit Genesungsheim meinte, ist nicht bekannt. Der Kettwiger Textilfabrikant Johann Wilhelm Scheidt und der Essener Verleger Wilhelm Girardet waren gleichfalls an Landsberg auf den Ruhrhöhen interessiert.

Der Kapitalist bat den Künstler höflich um Eile

Auguste Rodins „Le Christ et la Madelaine", um 1907, ist eines der Kunstwerke, die Thyssen als Auftraggeber ermöglichte. Es ist eine der erlesenen Skulpturen des bedeutenden französischen Bildhauers, die August Thyssen für Schloß Landsberg erwarb. Reichsbankpräsident Hjalmar Schacht, mehrmals Gast auf Schloß Landsberg, schreibt in seinen Lebenserinnerungen: „Obwohl August Thyssen nach außen hin im persönlichen Verkehr den bescheidensten Eindruck zu machen suchte, wußte er doch auf der anderen Seite fürstlich zu repräsentieren. Die zahlreichen, stattlichen Räume wiesen alte Gemälde der besten Meister auf, eine Reihe von Rodin-Skulpturen schmückte die Halle, gepflegte Parkanlagen umgaben das Schloß, in denen herumstolzierende Pfauen uns mit ihren spitzen Stimmen schon früh aus dem Schlaf weckten. Tafel, Dienerschaft, Gedecke, alles hatte den Zuschnitt eines echten Grandseigneurs."

Stolzer Schloßherr: August Thyssen vor Schloß Landsberg, 1912.

Als Thyssen seinen Sohn Heinrich zu einem größeren Kreis auf dem Schloß einlud, wies er ihn an: „Etwas Toilette mußt Du schon mitbringen". Als seine Direktoren zu einem Essen mit einem Herzog erscheinen sollten, verfügte er, die Herren hätten im Gehrock zu erscheinen.

Wegen seiner Liebe zur Malerei kaufte er u. a. mehrere Gemälde von Lenbach. Der Bildhauer Rodin muß es ihm angetan haben. Immerhin bestellte er sieben Skulpturen bei Rodin. Fünf dieser Kunstwerke sind Prunkstücke der auf eine halbe Milliarde Schweizer Franken geschätzten Kunstsammlung des Enkels Hans Heinrich Thyssen-Bornemisza, Jahrgang 1921. Eine Rodin-Skulptur allerdings fehlt, „Psyche" ist verschollen.

Der alte Thyssen, geeignet, dem Bild eines geldzählenden kühlen Kapitalisten zu entsprechen, erscheint durch sein Verhältnis zu diesen Rodinplastiken menschlich-rührend. So bittet er Rodin mehrmals brieflich, ihm „ein paar Worte zu schreiben, wann die beiden Marmorplastiken so weit sind, damit ich sie sehen und mich daran freuen kann die Zeit lang, die mir in meinem Leben noch bleibt. Ich bitte Sie, sie so bald wie möglich zu beenden, da ich schon 68 Jahre alt bin."

Hitler vertraut und von Hitler verfolgt – Fritz Thyssen

Sohn zu sein, ist oft tragisch. Fritz Thyssen mußte trotz des Traumas vom übermächtigen Gründervater Eigenleben entwickeln. Doch seine Tragik hat viel mit dem Vater-Sohn-Verhältnis der Thyssens zu tun; immerhin gab es zwischen Vater August und den Thyssen-Kindern seit der Scheidung der Eltern einen finanziellen Dauerstreit. Der war durch die Übertragung des gesamten Vermögens auf die Kinder ausgelöst worden. Mutter Hedwig hatte dies erwirkt mit der Begründung, ihre Mitgift habe entscheidend zum Aufbau des Unternehmens beigetragen. Wie tief dieser Streit gegangen ist, zeigt August Thyssens Verzweiflungsschritt, Sohn August jun., treibende Kraft bei finanziellen Forderungen der Kinder, entmündigen und in eine Nervenheilanstalt einweisen zu lassen. August jun. Thyssens Leben könne einen Roman füllen, urteilten diejenigen, die ihn kannten, doch scheint es, als habe er die Mißachtung des Vaters in Unternehmensdingen durch Abenteuer kompensieren wollen. Wenn schon ein Roman, dann ist sein rätselhaftes Verschwinden aus dem Leben ein passender Schluß: Verbürgt soll sein, daß er an einem Junitag 1943 in einem Münchener Hotel gestorben ist. Doch als sein Arzt eine Autopsie vornehmen wollte, lag in Thyssens Sarg ein junger fremder Soldat. Nach dem toten Thyssen jun. wurde vergeblich geforscht. Seither gilt Sohn August als verschollen.

Sohn Fritz mußte die Erniedrigung, in einer Irrenanstalt gefangen gehalten zu werden, tatsächlich erdulden. Aber auch dieses Verhängnis hat etwas mit dem eigentlichen Grund seiner Tragik zu tun: politischer Irrtum und politische Fehleinschätzung. Daß er und seine Frau Häftlinge eines Nazikonzentrationslagers waren, dem Erschießungstod durch die deutsche Wehrmacht kurz vor Kriegsende nur knapp entgingen, er nahezu entgeistert nach dem Krieg der gerichtlichen Analyse beiwohnte, welche Rolle er nun im Nationalsozialismus gespielt habe, ist seiner gründlichen Täuschung in der Person des Diktators Adolf Hitler zuzuschreiben. Fritz Thyssen glaubte, der Führer der Nationalsozialisten werde seinen katholisch geprägten Traum eines Ständestaates unterstützen. Als er schließlich Hitler und die Nazis als Menschenverächter erkannte, war es für einen Rückzug zu spät. Der führende deutsche Industrielle floh in die Schweiz, verlor so zunächst die Heimat, schließlich die Bürgerrechte als Deutscher. Fritz Thyssen – ein wenig bekanntes, traumatisches deutsches Schicksal.

Fritz Thyssen, ein deutsches Schicksal. Zunächst die Nationalsozialisten unterstützend, später sie und ihren Krieg ablehnend, wurde er von den Nazis in einem Konzentrationslager inhaftiert und nach dem Krieg bei einer Spruchkammerverhandlung in Königsstein im August 1948 (Bild) als „minderbelastet" eingestuft.

Während Millionen Deutsche noch dem Glauben an Adolf Hitler anhingen, hatte Fritz Thyssen schon zum 1. September 1939 dem Diktator abgeschworen und seinen „einzigen Irrtum" eingestanden: „...daß ich an Sie, den Führer Adolf Hitler, und die von Ihnen geleitete Bewegung glaubte." Dem ältesten Sohn von August Thyssen und seiner Frau Amélie brachte dieses Bekennerschreiben Exil, Irrenanstalt, Konzentrationslager und schließlich den Erschießungsbefehl ein. So schwerreich dieser Mann auch gewesen sein mag, ähnlich wie der Vater als Inbegriff eines Kapitalisten galt und durch politischen Irrtum ins Zwielicht geriet, so wurde er doch mit seiner todesmutigen Abkehr vom Nationalsozialismus zur einsamen Erscheinung nicht nur in der Reihe der Großindustriellen.

Der Weg zu Irrtum und bitterer Abkehr begann in den zwanziger Jahren mit markigen Worten: „Ich bin kein Politiker. Ich bin Nationalist." So hatte Fritz Thyssen eine Regierungsbeteiligung nach der französisch-belgischen Ruhrbesetzung der zwanziger Jahre abgelehnt. Dieses ehrliche Bekenntnis nutzten die Nationalsozialisten in den dreißiger Jahren aus.

Fritz Thyssen (1873–1951) war das älteste der vier Kinder von August Thyssen. Seine Mutter war die Tochter eines Mülheimer Nachbarn von August Thyssen, Hedwig Pelzer. Sie war 18 Jahre jung bei der Heirat – und evangelisch, der Bräutigam immerhin schon 30 Jahre alt – und katholisch. Nur dreizehn Jahre hielt die Ehe. Die junge Frau, so mutmaßten Thyssen-Biographen, habe sich nach gesellschaftlichem Leben und repräsentativem Auftreten gesehnt. Zwar wird Thyssen einerseits als Familienmensch beschrieben, doch bei der Darstellung seiner Ehe heißt es andererseits, daß er den Traum seiner Frau vom Leben einer Industriellengattin habe nicht erfüllen können, dafür habe er wenig Verständnis gehabt, sei zu sehr mit seinem Unternehmen beschäftigt gewesen. Hedwig Thyssen habe es in vornehme Badeorte gezogen. Ein Major der Kavallerie und Großherzoglicher Badekommissar aus Wiesbaden, wo sich damals „die europäische Gesellschaft" getroffen hat, hatte es der unglücklichen Kapitalistengattin angetan. Verschämt wird das Ende dieser Ehe vermerkt: „Als sich aus einer Beziehung nicht zu verheimlichende Folgen einstellten, reichte Thyssen die Scheidung ein." August Thyssen hatte die Vaterschaft einer Fehlgeburt geleugnet.

Sohn Fritz war damals gerade zwölf Jahre alt. Er und seine drei Geschwister hingen an der Mutter. Auf die Kinder war bei der Scheidung das gemeinsame Vermögen übertragen worden, da Hedwig Thyssen ihre Mitgift zum Ausbau der Thyssen-Werke zur Verfügung gestellt hatte. Wie immer, so auch bei den Thyssens: elendiger Streit ums Geld. Vater August sichert sich zwar durch Zusatzvertrag das ungeschmälerte Verfügungsrecht über seine Werke, doch die Kinder versuchen häufig, Verfügungsgewalt über Anteile zu erhalten. Bitter beklagt sich August Thyssen 1919 bei Sohn Heinrich über „so viel Unheil", welches die Scheidung angerichtet habe.

Dieser Sohn Heinrich (1875–1947), dem der Vater sein Leid geklagt hatte, wird später durch seine Heirat zum Baron. Dessen Schwiegervater, der ungarische Adelige von Bornemisza, adoptierte ihn. Und dessen Sohn wiederum, Hans Heinrich Thyssen-Bornemisza, also Enkel des Firmengründers August Thyssen, gerät in die Schlagzeilen durch das Sammeln von Kunst und Frauen (fünf Ehen). Die wertvolle Kunstsammlung des Großvaters hatte der Vater immens vermehrt, der Enkel erweitert sie um Werke der klassischen Moderne, stellt sie aus, und gibt die atemberaubende Sammlung 1988 – zunächst als Leihgabe – in den Madrider Palast „Villahermosa" in die Heimat seiner fünften Ehefrau Carmen. Jetzt ist die Kunst Eigentum des spanischen Staates.

Doch das erlebt Fritz Thyssen nicht mehr. Vater August hatte bestimmt, Fritz solle das Werk fortsetzen. Fritz Thyssen wird nach den Studien der Berg- und Eisenhüttenkunde in London, Lüttich und Berlin vom Vater in den Grubenvorstand der Gewerkschaft „Deutscher Kaiser" berufen. Zwischen Vater und Sohn entstand ein permanenter Streit über Investitionen, die der Sohn für notwendig und richtig, der Vater für nicht notwendig und damit für falsch hielt. Doch nicht unternehmerische Entscheidungen machen den Sohn bekannt, politische Verhältnisse tragen ihn schlagartig in die Öffentlichkeit, machen ihn nahezu berühmt. Als Wortführer der deutschen Zechenbesitzer war er 1923 an führender Stelle am passiven Widerstand bei der Ruhrbesetzung durch französisches und belgisches Militär beteiligt. Als er sich weigert, die Befehle der Besatzung anzuerkennen und sich ihnen zu fügen, wird er verhaftet. Rechtswidrig – so hatte er die Befehle öffentlich genannt. Zusammen mit anderen Industriellen wird er in Mainz vor ein Militärgericht gestellt und verurteilt. Bei der Rückkehr ins Ruhrgebiet empfängt ihn die Bevölkerung wie einen Triumphator. Die Ehrendoktorwürde der Universität Freiburg nimmt er zwar an, doch das Anerbieten, in einer Regierung ein Amt zu übernehmen, lehnt er dankend ab.

Seinen passiven Widerstand hatten viele als Franzosenhaß ausgelegt. Doch da war Fritz, der Sohn, August, dem Vater, ähnlich und blieb realistisch. Schon 1924 vermittelte Fritz Thyssen Verhandlungen zur Wiederaufnahme früherer internationaler Stahlverbindungen. Und auch in dieser Zeit vertrat er die Auffassung, in der Wirtschaft sollten nationale Grenzen abgebaut werden. Die Internationale Rohstahlgemeinschaft, den „Stahlpakt", wollte er durch weitere Abmachungen mit der französischen Stahlindustrie erweitern. Als der deutsche Außenminister Stresemann seinen französischen Amtskollegen Briand in einem Gespräch zu diesem Thema sozusagen warnend darauf aufmerksam machen wollte, Thyssen sei doch schließlich der führende Deutschnationale unter den Industriellen, erwiderte Briand: „Wenn Sie lauter solche Deutschnationale hätten, wäre es wahrscheinlich viel einfacher, sich zu verständigen."

Das war bereits 1926. Die Zeit, als er sich mit dem Vater über Investitionen stritt, die er forderte, war vorbei. Die Hütte in Duisburg-Hamborn war, wie auch Vater August häufig in Gesprächen betonte, Fritz Thyssens ganzer Stolz. Doch Sohn und Vater waren unterschiedliche Charaktere. Der Vater, ein Realist, der aber doch Arbeiter-Wohnhäuser errichten ließ und Kirchengemeinden im Bereich seines Unternehmens unterstützte. Der Sohn, ein Idealist, der als Schüler eines evangelischen Gymnasiums in Mülheim gegen antikatholische Thesen protestiert hatte und deshalb die Schule wechseln mußte, glaubte, ein Ständestaat schüfe sozialen Ausgleich. Die katholische Soziallehre bewegte ihn: Jeder Stand solle in der Gesellschaft seine Stellung einnehmen zum Wohle aller.

Von den Nationalsozialisten umworben, wiegte sich Fritz Thyssen in der Hoffnung auf Verwirklichung dieser Stände-Idee. Diesen Irrtum teilte er mit dem Abt von Maria Laach, den der Katholik Thyssen kräftig unterstützte; auch dieser Abt erhoffte sich von einer nationalsozialistischen Regierung eine Reform der Gesellschaft nach den Grundsätzen der katholischen Soziallehre. 1933 beauftragte die NSDAP Thyssen sogar, in Düsseldorf in einem „Institut für Ständewesen" leitend zu wirken. Doch schon drei Jahre später, 1936,

Stolz auf die Arbeit: Gegossenes Schwungrad um 1938.

schlossen die Nazis das Institut, da es nicht mit ihrer Ideologie zu vereinbaren war. Nach weiteren drei Jahren sah Thyssen in Deutschland keine Sicherheit mehr für sich und seine Familie. 1939 floh er in die Schweiz.

Anfangs hatten ihm die Ideen der Nazis wohl gefallen. 650 000 Reichsmark habe er, so errechnete die Spruchkammer des Entnazifizierungsverfahrens 1948, zwischen 1923 und 1932 rechten Gruppen zur Verfügung gestellt, auch den Nationalsozialisten. Am 26. Januar 1932 beispielsweise hatte Adolf Hitler im Industrieclub in Düsseldorf eine Rede gehalten, dessen Vorsitzender damals Karl Haniel war. Fritz Thyssen war beauftragt worden, Hitler zu begrüßen. Er verabschiedete den braunen Gast mit den Worten „Heil, Herr Hitler". Dies sei damals der übliche Gruß bei völkischen Gruppen gewesen, beschönigen Thyssen-Biographen. Doch einen Tag nach diesem völkischen Heilsgruß, am 27. Januar 1932, war Hitler Thyssens Gast auf Schloß Landsberg.

Abschied von der Kohle auch bei Thyssen. Zwei Jahre nach der Stillegung fiel auch das stählerne Fördergerüst der Zeche Friedrich-Thyssen 2/5 im April 1978.

Nationalist, als der er sich verstand, glaubte Thyssen nicht nur, die Nationalsozialisten würden den Ständegedanken verwirklichen, sondern auch die preußisch-hohenzollernsche Monarchie wieder errichten. Ob es zutrifft, was in offiziellen Thyssen-Biographien steht, bereits der Reichstagsbrand 1933 hätte Vorbehalte des Industriellen gegenüber der Partei geweckt, in die er im selben Jahr eingetreten war und die ihn auf Wunsch ihres Führers Hitler zum Reichtagsabgeordneten machte, in den Preußischen Staatsrat der deutschen Wirtschaft delegierte, das ist nicht bewiesen. 1936 jedoch müssen Zweifel gebohrt haben, als sein Ständeinstitut als Widerspruch zur Aufgabe des Nationalsozialismus bezeichnet und geschlossen wurde. Als 1938 im November mit dem Brand der Synagogen die Judenverfolgung ihren irrsinnigen Vernichtungsweg nahm, legte Thyssen sein Amt in einem Brief an Reichsmarschall Göring demonstrativ nieder. Bereits 1933 hatte er sich vergeblich um die Freilassung des früheren preußischen Wohlfahrtsministers Heinrich Hirtsiefer aus dem Konzentrationslager eingesetzt. Im Juni 1939 konferierte Thyssen mit Konrad Adenauer, dem späteren deutschen Bundeskanzler, also mit einem, der den Nazis ein Dorn im Auge war.

Am 1. September 1939 sollte er in Berlin zur Reichstagssitzung erscheinen, wo mit Hurra die Abgeordneten den Einmarsch in Polen zu begrüßen hatten. Die Abgeordneten taten, wie ihnen anempfohlen; mit dem Beklatschen des Einmarsches ins polnische Nachbarland hatte Hitler das Ja zum Krieg. Doch Thyssen war diesem Jasagen bewußt ferngeblieben. Kapitalist hin, Kapitalist her, dieses Nein durch Nicht-Erscheinen hebt ihn trotz seiner vorherigen finanziellen Unterstützungen der Rechten aus der Geschichte heraus. Fritz Thyssen sagte ab, schob zwar „unbefriedigenden Gesundheitszustand" vor, doch erklärte unmißverständlich: „Ich bin gegen den Krieg." Einen Tag darauf floh er aus Deutschland mit Frau Amélie; Tochter Anita und Schwiegersohn Zichy folgten kurz darauf.

Hitler versuchte, den Industriellen mit der Versicherung der Unversehrtheit für Person und Vermögen zu einer Rückkehr zu ködern. Thyssen lehnte ab. Drei Monate später beschlagnahmten die Nazis das Thyssensche Vermögen. Weitere zwei Monate später waren Amélie und Fritz Thyssen keine Deutschen mehr: Die Nazis erkannten ihnen die Staatsbürgerschaft ab.

Fritz Thyssens Mutter Hedwig weilte inzwischen in Brüssel und war sterbenskrank. Und Amélie hatte gesundheitliche Probleme. Fritz und Amélie Thyssen wollen dennoch mit der Mutter in den Süden reisen. Doch die französischen Behörden verweigern die Weiterreise. Ende 1940 wird das Ehepaar Thyssen, gemäß der Waffenstillstandsbedingungen, von den französischen Behörden der nazigenehmen Regierung Pétain nach Deutschland ausgeliefert. Dort wird es zwei Jahre lang in der geschlossenen Abteilung des Sanatoriums Neubabelsberg festgehalten; geschlossene Abteilung heißt es, doch eine Irrenanstalt ist es. Die Aufforderung Görings, in die Gummizelle adressiert, ein Gnadengesuch zu schreiben, lehnt Thyssen wieder ab. Umgeben von Schizophrenen und Selbstmordkandidaten, Depressiven und anderen Menschen, die aus der Gesellschaft gefallen sind, versucht ein ehemals Mächtiger, zu überleben.

Einmal von ihnen verfemt, geben die Nazis auch einem Thyssen kein Pardon und schieben ihn und seine Frau in ein Konzentrationslager ab. 1943 wird das Ehepaar Thyssen ins KZ Sachsenhausen eingeliefert, wird 1945 nach Buchenwald, danach nach Dachau verlegt. Zwar werden sie nicht mißhandelt wie andere Insassen von Konzentrationslagern, doch das Gefühl der Ohnmacht gegenüber der Willkür (ob Tod oder vielleicht doch noch Leben) vereint sie mit anderen Ausgelieferten. Die Thyssens sind nicht die einzigen „prominenten" KZ-Häftlinge. Pfarrer Niemöller, Reichsbankpräsident Hjalmar Schacht, der frühere französische Ministerpräsident Léon Blum sitzen mit ihnen ein. Als Pastor Niemöller 1936 von den Nazis verhaftet worden war, gab Thyssen die Anweisung, Niemöllers Familie durch regelmäßige Geldzuwendungen zu unterstützen. Niemöller und Thyssen – erst im KZ lernten sie sich kennen. Kurz vor Kriegsende werden diese und andere prominente Häftlinge in ein Dorf ins Pustertal gefahren. Ihre Hinrichtung war beschlossene Sache – Erschießung durch ein Wehrmachtskommando. Nur das Eingreifen des deutschen Majors von Alvensleben rettet diesen Frauen und Männern das Leben.

„Thyssen von ganz altem Schlage. Knorke. Ein Kapitalist, aber solche Wirtschaftsführer läßt man sich schon gefallen. Seine Frau sehr nett und angenehm."
NSDAP-Propagandachef Goebbels 1931 in seinem Tagebuch.

„Thyssen hat an den Führer einen landesverräterischen Brief geschickt mit der Drohung, ihn zu veröffentlichen. Unsere korrupte Wirtschaft! Ein Schweinestück!"
Joseph Goebbels nach dem Protest Fritz Thyssens 1940 gegen die Aberkennung der deutschen Staatsbürgerschaft.

„Als die Aufrüstung begann, behauptete er, dieses Tempo könnten wir nicht durchhalten, und als dann die Arbeitslosenziffern in der rapiden Art herabsanken, da sah Thyssen diese ganze Entwicklung immer nur als 'künstlich' an. Als freudigen Bejaher des nationalsozialistischen Staates habe ich ihn auf jeden Fall nicht kennengelernt."
Der Kreisleiter der Nationalsozialistischen Arbeiterpartei Deutschlands (NSDAP) von Mülheim beim Parteiausschlußverfahren im Frühjahr 1940.

Die Freiheit, die amerikanische Truppen brachten, war für Thyssen nur kurz. Die meisten der prominenten Häftlinge wurden nach einem Erholungsurlaub auf Capri wieder inhaftiert. Amélie Thyssen wurde entlassen. Fritz Thyssen war erst Ende Oktober 1948 ein freier Mann. Im Entnazifizierungsverfahren wurde er zunächst als „minderbelastet" eingestuft, später nur noch als „Mitläufer". Er fährt zu seiner Tochter Anita Gräfin Zichy-Thyssen nach Buenos Aires in Argentinien, wo auch Krupp bzw. die von Bohlen und Halbachs, Stinnes ebenso wie Thyssens auch Besitzungen hatten und haben. Dort stirbt Thyssen Februar 1951 an einem Herzschlag.

Kampf der Giganten an der Ruhr

Im Frühjahr 1997 sah es so aus, als würde an den Pfeilern des Thyssenbogens kräftig gerüttelt und der Firma ginge es an den Kragen. Zumindest in den Medien stellte sich der Stahl-Machtkampf an Rhein und Ruhr nahezu blutig dar. Ob Krupp jetzt Thyssen schlachte, fragte tatsächlich angstmachend eine Boulevardzeitung. Thyssen ist nicht geschlachtet worden. Aus der Chefetage kamen oft sogar Siegestöne, man sei aus diesem Machtkampf gestärkt hervorgegangen. „Feindliche Übernahme" nennen es die Wirtschaftsexperten, wenn ein Konzern einen anderen still und klammheimlich aufkauft, sich unentdeckt in den Besitz der Aktienmehrheit bringen will, und der andere dann, wenn er aufwacht, feststellen muß, er ist nicht mehr sein eigener Herr. Dies, so nahm es sich in der Öffentlichkeit aus, hatte der Krupp-Konzern geplant.

Doch die Erben des Namens Thyssen, im Drei-Scheiben-Hochhaus von Düsseldorf beheimatet, fühlten sich während des Stahlkrieges zwischen Düsseldorf und Essen sogar als „Weiße Ritter". So jedenfalls bezeichnete

Gefundenes Fressen für die Karikaturisten: Zur „Elefanten-Hochzeit" im August 1974 in der Neuen Ruhr-Zeitung …

Erstens kommt es anders, zweitens als man denkt — Karikatur: Berliner Zeitung / Dieter Zehentmayr

... und zur Krupp-Thyssen-Fusion Frühjahr 1997 in der Berliner Zeitung.

der Thyssen-Chef Dieter H. Vogel das inzwischen etwa 40 Milliarden-Umsatz schwere Unternehmen Thyssen AG.

Was damals, im Frühjahr 1997, wirklich geschehen ist, werden möglicherweise nicht einmal Wirtschaftsgeschichtler aufdecken. Feststeht, daß die Abwehr des Versuchs des „unfriendly takeover" durch die Fried. Krupp AG Hoesch-Krupp, Essen, Thyssen nicht nur Sympathien eingebracht hat, möglicherweise auch Geld. Bei einer Ehe der beiden Großen im Flachstahl wurde bei Thyssen von 60, doch bei Krupp nur von 40 Prozent im Fusionsgeschäft ausgegangen. Fachleute urteilten 1997: „Eine sehr gute Lösung für Thyssen, eine gute Lösung für Krupp." Daß es dabei um viele Milliarden geht, ahnt in der Öffentlichkeit jeder. Doch wann ging es im Stahlgeschäft nicht um Milliarden?

Dreifaches Erbe: Stiftung, Schachtbau, Imperium

Bei Thyssen gibt es eigentlich drei Erben: Die AG, die jedoch nur noch den Namen trägt, eine Stiftung dieses Namens, und zwei Namensträger, die ein deutsches Unternehmen, Thyssen Schachtbau GmbH nämlich in Mülheim, besitzen.

1959 entschlossen sich die Erben Fritz Thyssens, Witwe Amélie Thyssen und Tochter Anita Gräfin Zichy-Thyssen, auf einen wesentlichen Teil ihres Vermögens zugunsten einer Wissenschaftsstiftung zu verzichten: Aktien der August Thyssen-Hütte AG, 75 Millionen von der Witwe, 25 Millionen von der Tochter, nach damaligen Börsenkurs nahezu 450 Millionen Dollar.

Sie hätten damit nicht nur die Erinnerung an Fritz Thyssen wachhalten wollen, meinten die beiden Stifterinnen, sondern Dank und Anerkennung für die Mitarbeiter ausdrücken wollen, aber auch für die Landesregierung Nordrhein-Westfalen und deren Unterstützung beim Wiederaufbau des Werkes. Daß der Stiftungsgründung Verhandlungen um Steuervorteile vorausgegangen waren, schmälert die Leistung nicht: Mit ihr entstand die erste große private wissenschaftsfördernde Einzelstiftung nach dem Kriege.

Wie so viele bedeutende Ruhrgebietsnamen heute andernorts zu finden sind und nicht mehr im Ruhrgebiet, hat die Fritz Thyssen Stiftung ihren Sitz auch nicht im Ruhrgebiet, sondern in Köln. Immerhin gehören dem siebenköpfigen Kuratorium, das über die Verwendung von Stiftungsgeldern entscheidet, potente Vertreter des Ruhrgebietes an, unter anderem Dr. Klaus Liesen, ehemaliger Ruhrgas-Chef, und Prof. Dr. Dieter Spethmann, Sohn des bedeutenden Ruhrgebietsgeographen, gleichfalls anerkannter Wissenschaftler, früher Vorstandschef der Thyssen AG. Unzählige Projekte werden gefördert, doch Forschungen, die sich auf Bereiche beziehen, aus denen Erträge der Stiftung stammen, sind nach Stiftungssatzung nicht darunter. Die Geisteswissenschaften vor allem profitieren von den einstigen Kohle- und Stahlkonten. Beispielsweise sind Forschungen der Bochumer Universität zur Sozialgeschichte des europäischen Bürgertums mit Stipendien bedacht worden oder die wissenschaftliche Bearbeitung der griechischen und russischen Gold-

Des Bergmanns treuer Kamerad, das Grubenpferd

Um 1850 wurden die ersten Grubenpferde eingefördert, anfangs täglich, später oft nur einmal im Leben, da Stallungen unter Tage eingerichtet worden waren. Mit den Pferden zogen auch Ratten und Mäuse in die Tiefe. So wurden als zusätzliche Helfer Katzen vor Ort gebracht. Während ein Schlepper und ein Hundestößer nur einen Wagen bewegen konnten, schaffte ein Grubenpferd acht bis 20 Wagen. Juli 1966 war die Zeit der Grubenpferde im Ruhrgebiet vorbei: Grubengaul „Tobias" von der Schachtanlage General Blumenthal in Recklinghausen wurde das Gnadenbrot auf der Weide eines Steigers gewährt. Die meisten der vierbeinigen Kumpels jedoch endeten beim Pferdemetzger.

Es begann auf den Zechen „Helene und Amalie" und „Victoria Mathias" in Essen. Dort wurden 1853 die ersten Grubenpferde im deutschen Steinkohlebergbau nach unter Tage gebracht. Im englischen und belgischen Bergbau zogen schon viele Jahre zuvor Pferde als Transporteure Kohlenzüge in den Bergwerken. Auch später waren in diesen Kohlerevieren verstärkt Pferde im Einsatz. Doch während in den zwanziger Jahren des 20. Jahrhunderts im englischen Bergbau 52 000 Grubenpferde Dienst taten, waren es im Ruhrgebiet in dieser Zeit nur noch 5 220.

Mit den Pferdestärken (PS) konnten die Bergleute nicht mithalten. Tatsächlich ist der sprunghafte Anstieg der deutschen Steinkohleförderung unter anderem auch der Kraft der Grubenpferde zu verdanken. Von 1850 bis 1870 versiebenfachte sich die Förderung; sie stieg von 1 665 682 auf 11 612 529 Tonnen. Die steigende Zahl der Pferde machte es möglich: 1913 wurden immerhin 11 742 Grubengäule vor die Kohlenzüge gespannt.

In seinem Bergarbeiterroman „Germinal" hat Emil Zola dem Grubenpferd literarisch ein Denkmal gesetzt. Zola schreibt (gekürzt):
„...das Pferd wurde herabgelassen. Das verursachte immer eine gewisse Aufregung; denn es geschah manchmal, daß das Tier, von Entsetzen ergriffen, unten tot anlangte. Oben wurde es mittels eines Netzes gefesselt, wogegen es sich verzweifelt wehrte; sobald es keinen Boden mehr unter sich fühlte, war es wie versteinert; so versank es in die Tiefe ohne ein Beben der Haut mit weiten, starren Augen... Was ihnen vollends den Verstand raubte, war das Gewieher der im Stall eingeschlossenen Pferde: der furchtbare, unvergeßliche Todesschrei von Tieren, die hingemordet wurden."

stickereien der Sammlung des Ikonenmuseums Recklinghausen.

In Mülheim, wo August Thyssen begonnen hatte, ist die Thyssen Schachtbau GmbH als Spezialunternehmen mit Tochtergesellschaften in Großbritannien, Kanada, USA, Australien und Österreich aktiv. 1907 hatte August Thyssen dem Bergwerk „Deutscher Kaiser" die Schachtbauabteilung angegliedert. Die Gruppe mit 7 000 Mitarbeitern ist nicht nur in den Bereichen Bau, Rohstoff und Umwelttechnik versiert. Zu diesen Arbeiten gehören beispielsweise sowohl der untertägige Bau einer Bochumer U-Bahn-Station wie die Exploration von Kupfervorkommen in Chile. Die Namensträger, Claudio L. Graf Zichy-Thyssen und Federico A. Graf Zichy-Thyssen, die Erben, sind dreimal im Jahr zu Aufsichtsratssitzungen in Mülheim. Aus den Kaufleuten aus Mülheim sind heute erfolgreiche deutsche Kaufleute in Argentinien geworden.

Ihre Anteile am Thyssen-Konzern mit Sitz in Düsseldorf haben die Zichy-Thyssens 1995 über die Commerzbank verkauft. Bis September 1995 waren die Erben von August Thyssen zwei der 140 000 Aktionäre der Thyssen AG, doch recht potente. Im Geschäftsbericht wurden sie als Aufsichtsratsmitglieder ausgewiesen. Die Commerzbank AG kaufte damals von der Thyssen Beteiligungsverwaltungs AG das

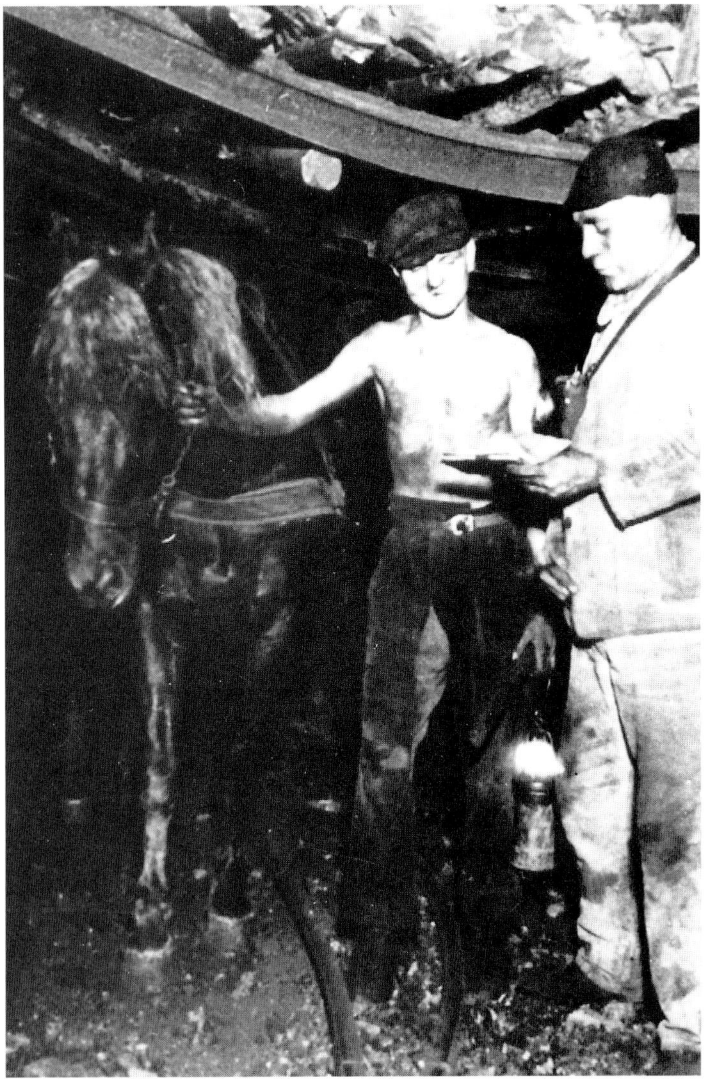

Im Schacht 2 des Thyssen-Bergwerkes „Gewerkschaft Deutscher Kaiser":
Grubenpferd mit Pferdejunge und Steiger, um 1900.

den beiden Grafen gehörende Aktienpaket in Höhe von 15,4 Prozent des Grundkapitals. Über die Höhe des Kaufpreises wurde Stillschweigen vereinbart. Fachleute gehen von etwa 1,2 Milliarden Mark aus. Seit dieser Finanzaktion ist kein Thyssen-Familienmitglied mehr im Konzern tätig noch am Konzern beteiligt.

Selbst für Insider ist das Thyssen-Imperium innerhalb der AG erst nach längerem Studium überschaubar. Die Zahlen sind gigantisch: 39 Milliarden Mark Umsatz, für das Jahr 2000 sind 42 Milliarden Mark Umsatz angepeilt, 300 Gesellschaften in Deutschland, USA und anderswo. Handel und Dienstleistungen machen mit 43 Prozent den Löwenanteil aus. 122 000 Mitarbeiter waren 1995/96 unterm Thyssen-Bogen beschäftigt; ab Januar 1997 nur noch 114 000. „Umbau der Geschäftsfelder" nennt dies der Vorstand, doch Trennung von verlustträchtigen Unternehmensbereichen mit einem Umsatzanteil von etwa fünf Milliarden Mark ist es.

Was den Stahlbaronen an Rhein und Ruhr über Jahrzehnte nicht gelungen ist, scheinen die Vorstandsvorsitzenden der Konzerne Thyssen und Krupp in einer März-Woche des Jahres 1997 in Gang gesetzt und die grauen Eminenzen der Unternehmen, Kriwet und Beitz, ermöglicht zu haben: Einen neuen Riesen zu gebären – die Thyssen Krupp Stahl AG. Allerdings waren da der Druck der feindlichen Übernahme von Thyssen durch Krupp und die dadurch ausgelösten Turbulenzen in der Öffentlichkeit, die die Giganten ans Laufen brachten. Faktisch entstände mit dem neuen eisernen Riesenbaby eine „Ruhrstahl AG", wie sie in den achtziger Jahren schon angedacht worden war. Ob Krupp-Chef Cromme mit seiner Einschätzung richtig gelegen hat, bei der Wahl des Paares des Jahres würden Thyssen und Krupp an der Spitze liegen, wird sich zeigen. Ein schwergewichtiges Paar: Durch die Fusion der beiden Giganten soll ein Geschäftsvolumen von 70 Milliarden Mark erreicht werden.

Gründer & Erben

Hoesch

Eine Stadt, ihr Stahl und das Unternehmen

Leopold Hoesch 1820 – 1899

Albert Hoesch 1847 – 1898

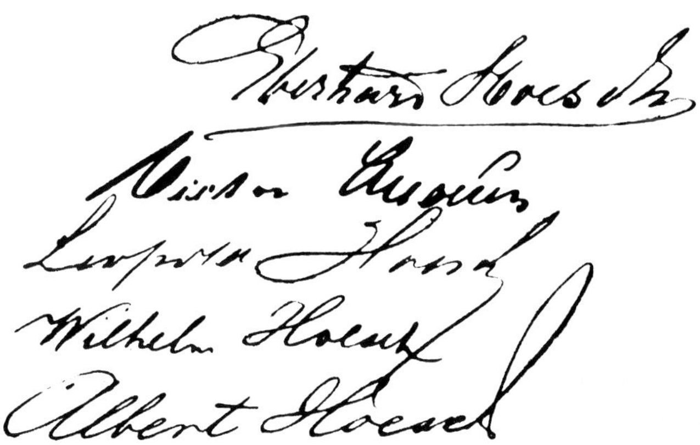

Die Unterschriften von Eberhard, Viktor, Leopold, Wilhelm und Albert Hoesch unter dem Gesellschaftsvertrag von 1871. Im Bild Vater und Sohn: Leopold, der Gründer und erste Aufsichtsratsvorsitzende und Albert, der erste Vorstandsvorsitzende von Hoesch.

Es schien, als solle bei der Stahlfusion zwischen Thyssen und Krupp 1997 mit der Geschichte kurzer Prozeß gemacht werden. Am Gasometer des Werkes „Phönix" in Dortmund bedeutete der Schriftzug „HOESCH" nicht nur ein entscheidendes Stück Industriegeschichte, die Namen Hoesch und Dortmund waren über 100 Jahre ein gemeinsamer Begriff. Und dann wird begonnen, den Schriftzug abzumontieren. Doch als das „H" fällt, beginnt der Bürgerprotest, der bis ins Oberbürgermeister-Büro schallt. Als sei der Schriftzug, der ihren Arbeitsplatz weithin signalisierte, wertloser Geschichtsmüll, der aus wirtschaftlichen Gegebenheiten entsorgt werden sollte, fürchteten Arbeiter und ihre Familien, als sei dies nur der Anfang, an dessen Ende auch sie wie der Name am Boden lägen.

Tatsächlich: In einer neuen Stahl-Gesellschaft von Krupp und Thyssen wird der traditionsreiche Name Hoesch wohl nicht mehr so erscheinen, wie ihn die Dortmunder über ein Jahrhundert lang kannten als ihren Brotgeber. Abbrechen, von vielen als Umbruch schöngeredet, hat im Ruhrgebiet Tradition. Das Kruppsche Turmhaus in Essen fiel ohne sichtbare Not, das traumhafte Gründerzeit-Hotel „Essener Hof", eine Kruppsche Immobilie, wurde gleichfalls geschleift und der Baugrund für den Neubau eines potthäßlichen Warenhauses verscherbelt. Nein, nein,

Am Gasometer des Phönix-Werkes hängt wieder der Name.

beeilten sich 1997 die Stahlgewaltigen zu erklären, der Schriftzug habe nicht entsorgt werden sollen, nur erneuert. Ob es so war, oder ob der Bürgerprotest den Ausschlag gegeben hat? Vom „Phönix"-Gasometer sagt nun erneut ein neugestalteter Schriftzug „HOESCH" wieder jedem, wo er ist: in Dortmund, das nicht nur eine große Bierstadt ist, sondern eine Stadt mit großer Stahl-Geschichte. Doch wie Phönix aus der Asche wird der Standort Hoesch wohl kaum noch einmal erstehen.

Ortswechsel: aus der Eifel ins Land der roten Erde

Hoesch – seit dem 1. September 1871 ist der Name mit Dortmund verbunden. An diesem Tag wurde in Düren bei Aachen der Gründungsvertrag für ein neues Eisen- und Stahlwerk abgeschlossen. Standort des Werkes: Das Oesterholz an der nördlichen Grenze von Dortmund. Damals lebten dort 44 813 Menschen. Unterzeichnet wurde der Gesellschaftsvertrag von Leopold Hoesch, dem Leiter des Familienunternehmens seit 1852, seinen Söhnen Albert und Wilhelm sowie seinen Neffen Eberhard und Viktor, den Söhnen seines verstorbenen Bruders. Wenn für Gründer im Ruhrgebiet das Stichwort große Familie zutrifft, dann auf die Hoeschs. Schon ab 1742 betrieb ein Leonhard Hoesch in Schneidhausen bei Düren eine Eisenschneidmühle – der erste Hoeschianer, der sich mit dem Eisen herumschlug. Seit dieser Zeit schmolzen und hämmerten, schmiedeten und walzten unzählige Söhne, Neffen, Enkel und Urenkel dieses Hoeschs das heiße Eisen. Ein Onkel des späteren Dortmunders Leopold Hoesch legte in Lendersdorf bei Düren dann den Grundstock für eine industrielle Entwicklung, Eberhard Hoesch (1790–1852), den Fachleute als einen wahren Industrie-Pionier preisen. Nach englischem Vorbild baute er in Lendersdorf bei Düren eines der modernsten sogenannten Puddel- und Walzwerke auf, in dem Schienen für den expandierenden Eisenbahnbau hergestellt wurden.

In dieser eisernen Familie wuchs Leopold Hoesch auf, von fünf Schwestern schwärmerisch als der geistvolle und belesene Bruder

verehrt, von den männlichen Mitgliedern der Familie wohl als planender Kopf anerkannt. Leopold war es auch, der die einschneidende Erkenntnis der Familie umsetzte: Der Wechsel ist fällig! Die Erzvorkommen in der Eifel waren erschöpft, die traditionellen Energiequellen Wasserkraft und Holzkohle reichten erstens für die Produktion nicht mehr aus, und zweitens war ihnen mit der Steinkohle und mit der Dampfkraft eine übermächtige Konkurrenz erwachsen. Obendrein waren die Transportkosten aus der Eifel zu den weiterverarbeitenden Unternehmen zu teuer geworden, denn die Werke an der Ruhr lagen günstiger zur Verkehrsader Rhein. Schon Kohlepionier Mulvany und Eisenbahnvisionist Harkort hatten gute Verkehrswege zu Lande und zu Wasser als eine der Voraussetzungen für ein funktionierendes Staatswesen und ein florierendes Wirtschaftsleben gefordert. Die Entscheidung für Dortmund als neuen Unternehmensstandort ist auch von der Tatsache bestimmt worden, daß die Stadt als Eisenbahnknotenpunkt eben diese Voraussetzungen weitgehend erfüllte: Dort gab es die Köln-Mindener Bahn, die Bergisch-Märkische Eisenbahn, die Bahn Elberfeld-Dortmund, die Bahnlinie Holzwickede-Soest und die Dortmund-Gronau-Enscheder Bahn. Obgleich Hoesch wußte, daß der Bau des Dortmund-Ems-Kanals von der Wirtschaft erhebliche Zuschüsse erforderte, haben die Entscheidungsträger des Unternehmens Ende des 19. Jahrhunderts mit einer Denkschrift dieses Kanalprojekt vorangetrieben. Mit der Inbetriebnahme dieses Kanals, hofften die Autoren der Hoesch-Denkschrift, würden Dortmund und die Emshäfen aufblühen, von Entlassungen werde dann nicht mehr die Rede sein.

Es soll Leopold Hoesch schwer gefallen sein, das Werk von der Eifel ins aufstrebende Industrierevier an der Ruhr zu verlegen, schreiben Biographen. Gleichzeitig schildern sie ihn als einen wachen Kopf, der die Zeichen der Zeit studierte. So schwer wird es dem Manne wohl nicht gefallen sein, mitten im entstehenden Industriebezirk des Landes der roten Erde ein Werk zu errichten, denn ein Ortswechsel war unter den Gegebenheiten unumgänglich. Und obendrein war die Werksverlagerung doch eine Entscheidung der gesamten Familie, an deren Spitze Leopold als hauptsächlicher Kapitalgeber stand. Zwar wird er immer als der Hoesch-Gründer von Dortmund bezeichnet, und sein Kopf mit dem an Mona Lisa erinnernden Lächeln zierte auch Hoesch-Aktien, doch ist er nie ein Dortmunder geworden. Der einzige Hoesch, der aus der schönen Eifel ins westfälische Dortmund umgezogen ist und auf der grünen Wiese sein Heil als Eisenmann machen sollte,

Die Phönix-Werke vom Westfalenpark aus gesehen.

Profil-Eisen von Hoesch.

war Albert Hoesch, erster Direktor, mit Befugnissen ausgestattet wie ein Alleinvorstand.

Über 100 Jahre war Leopolds Entscheidung von Erfolg gekrönt. Dann wurde das Werk, das selbst auch einen großen Magen gehabt hatte, von einem anderen geschluckt, von Krupp. Ende der neunziger Jahre des 20. Jahrhunderts ist es nur noch ein Teil des deutschen Stahlgiganten aus der Verschmelzung Thyssen und Krupp. Drei Hoesch-Standorte hat Dortmund noch: Die Westfalenhütte mit zwei laufenden Hochöfen, das Hoesch-Werk „Phönix" (trotz eines anderen Namens von den Dortmundern doch so genannt) und das Werk „Union", in dem Spundwände und Profile für den Bergbau entstehen. Doch von den 38 000 Stahlarbeitern in Dortmund im Jahr 1970 sind nicht einmal 10 000 übriggeblieben.

Auch Hoesch ging den Weg von einem reinen Stahl- und Hüttenwerk mit angeschlossenen Walzstraßen (wobei anfangs der größte Teil des Roheisens aus England kam) zu einem Konzern mit Erz- und Kohlebergbau, Roheisen- und Stahlherstellung bis zum Maschinenbau. In den ersten zwölf Monaten des Hoesch-Werkes von 1871 mit nur 320 Arbeitern war Direktor Albert Hoesch stolz auf 9 000 Tonnen Stahl. Anfang der siebziger Jahre des 20. Jahrhunderts wurden 9 000 Tonnen Stahl in zwölf Stunden hergestellt. Wie die anderen Gründerunternehmen des Ruhrgebietes bekam auch Hoesch in den ersten Jahren die Konkurrenz der technisch-fortschrittlicheren Unternehmen aus England, Belgien und Frankreich zu spüren mit billigerem Stahl. Albert Hoesch wollte einmal sogar die Brocken hinschmeißen, meinte ironisch, wenn sich die Lage nicht bessere, werde er Vertreter für englische Eisenbahnschienen: „Dann verdiene ich doch wenigstens etwas". Obendrein machte ihm der Hörder Verein das Angebot, als kaufmännischer Leiter zu ihm zu wechseln. Die Aktien für Stahl standen damals schlecht; Hörder Verein und Dortmunder Union hatten beim Wiener Börsenkrach Millionen verloren.

Ein Jahr vor der Wende zum 20. Jahrhundert werden die Eisenmänner zu Zechenherren: Hoesch kauft die Anlagen 1 und 2 der Steinkohlenzeche „Kaiserstuhl". Damit kommt ein neuer, im Ruhrgebiet bedeutender Familienname ins Geschehen: Springorum. Der Mitgründer Wilhelm Hoesch beruft nach Alberts Tod 1898 Friedrich Springorum (1858–1938) als Vorstandsvorsitzenden. Diesem wiederum folgte dessen Sohn Fritz (1886–1942). Die Springorums machen aus dem Stahlunternehmen zusätzlich ein Bergwerksunternehmen. 1871 als offene Handelsgesellschaft gegründet, wobei Geschäftskapital auch Familienkapital ist, wurde das Unternehmen schon früh in die Rechtsform einer Aktiengesellschaft umgewandelt. Kapital kann an der Börse aufgenommen werden. Das ermöglicht Mitte der 1890er Jahre den Beginn der Hoesch-Ära eigener Hochofenanlagen mit Eisenverflüssigung und eigener Kokerei eben für diese Hochöfen. Mit dem Erwerb von „Kaiserstuhl" wurde Hoesch von fremden Kokslieferungen unabhängig. Ende der dreißiger Jahre sind die Schachtanlagen „Emil-Emscher", „Fritz-Heinrich" in Essen, „Kaiserstuhl" in Dortmund, „Radbod" bei Hamm und „Fürst-Leopold" bei Hervest-Dorsten Hoesch-Zechen. Doch auch Hoesch ereilte das Schicksal der Bergbaukrise: 1966 wurde auf der ältesten Hoesch-Anlage „Kaiserstuhl" die Förderung eingestellt. Noch im gleichen Jahr schluckte Hoesch die Dortmund-Hörder-Hüttenunion (mit der „seit Jahren freundschaftlich zusammengearbeitet" worden war, wie es damals offiziell hieß). 1925 hatte sich Hoesch trutzig erwiesen, als Friedrich Springorum dem Ansturm der deutschen Stahlfront die Stirn geboten hatte: Sein Unternehmen werde nicht den Vereinigten Stahlwerken beitreten, jenem Mammutkonzern, in dem 21 Stahlfirmen sich vereinten – außer Krupp, Gute-Hoffnungshütte und eben Hoesch. Doch 1992 holte die Geschichte auch Hoesch ein, geschluckt zu werden: „Fried. Krupp AG Hoesch-Krupp".

Das hatte sich bereits in den siebziger Jahren angekündigt, als es die Stahlehe mit den Niederländern gab. 50 Prozent Hoogovens und 50 Prozent Hoesch AG. Ein Jahr nach der Jubiläumsfeier zum 100jährigen saßen die neuen Partner aus den Niederlanden schon im Haus. In den siebziger Jahren befürchteten die Betriebsräte, die Holländer könnten bei einer Stahlkrise wegen der kostengünstigeren Produktion an der Küste die Hoesch-Betriebe langsam absterben lassen. 1982 war das niederländische Zwischenspiel vorbei, die Holländer zogen sich zurück. Aber Ruhe kehrte bei Hoesch kaum ein. Dr. Detlev Karsten Rohwedder, Ende der siebziger Jahre bei Hoesch am Schaltpult, baute die Hoesch-Gruppe um vom Stahlbereich in einen Konzern mit Feinblechen, Flachstahlerzeugnissen, Stahlveredelung, Verarbeitung und Industrietechnik, Handel und Dienstleistung sowie Automation und Systemtechnik. Die Stahlbereiche lagen plötzlich unter 30 Prozent, die anderen über 50

Sommer 1989: Michail Gorbatschow, der sowjetische Präsident (links), seine Frau Raissa, der nordrhein-westfälische Ministerpräsident Johannes Rau und Hoesch-Chef Dr. Detlev Karsten Rohwedder (rechts) auf dem Podium im Kaltwalzwerk II von Hoesch, in dem 8000 Hoeschianer „Gorbi" zujubelten.

Prozent. Rohwedder ging zur Treuhand nach Ostberlin. Wenig später übertrug „die Hoesch AG ihr Vermögen als Ganzes mit allen Rechten und Pflichten auf die Fried. Krupp AG". Hoesch hatte seine Unschuld als eigenständiges Unternehmen verloren. Diese Defloration hatte schon in den siebziger Jahren ein Vorspiel und wurde zu Beginn der achtziger noch einmal heiß. Damals hatten Krupp und Hoesch Gespräche über eine industrielle Kooperation im Stahlbereich geführt. 1981/82 wurde dazu das Konzept „Ruhrstahl" entwickelt – ohne Ergebnis. Dann – selbst für Leute in Führungsetagen überraschend – Ende September 1991 die Bekanntgabe der heimlichen Aktienkäufe von Krupp: Fried. Krupp AG teilte der Hoesch AG mit, daß sie eine Beteiligung in Höhe von 24,9 Prozent des Grundkapitals der Hoesch AG in der Absicht erworben habe, eine Verschmelzung mit der Hoesch AG herbeizuführen. Hinzu kamen größere Aktienpakete von Anlegern, die – wie Krupp argumentierte – den Zusammenschluß befürworteten, so daß die Beteiligung von Krupp eine Mehrheit des Grundkapitals ergab.

„Gorbi"-Jubel, Todesschüsse, Arbeiter-Proteste

Ein großer Tag in der Geschichte von Hoesch war der Besuch des sowjetischen Präsidenten Michail Gorbatschow im Sommer 1989. Die Stahlwerker jubelten, skandierten „Gorbi – Gorbi" und forderten, ihm solle der Friedensnobelpreis verliehen werden. Gorbatschow hatte an diesem Tag erklärt, die Berliner Mauer könne verschwinden, er sähe in ihr kein großes Problem. Im Kaltwalzwerk von Hoesch genossen mit Gorbatschow seine Frau Raissa, der nordrhein-westfälische Ministerpräsident Johannes Rau und Dr. Detlev

Karsten Rohwedder als Hoesch-Chef die Begeisterung der Stahl- und Hüttenwerker. Zwei Jahre später, in der Nacht vom 1. zum 2. April 1991, fiel Rohwedder im Alter von 58 Jahren einem Mordanschlag der „Roten Armee Fraktion" (RAF) zum Opfer.

1969 Staatssekretär im Bundeswirtschaftsministerium von Karl Schiller, wurde zehn Jahre später der Sozialdemokrat Rohwedder (einer aus der „Nadelstreifen-Fraktion") zunächst stellvertretender, später Vorstandsvorsitzender der Hoesch Werke AG und zweiter Mann der deutsch-niederländischen Estel NV Hoesch-Hoogovens in Nijmwegen, der Dachgesellschaft des 1972 gegründeten Stahlkonzerns. Zwar nicht geliebt, doch respektiert, leitete er in realistischer Einschätzung wirtschaftlicher Möglichkeiten eine rigorose Sanierung und Umstrukturierung des deutschen Teilkonzerns ein und löste in erstaunlich kurzer Zeit die Stahl-Ehe mit dem Estel-Konzern wieder auf.

Das Geschäftsjahr 1982 schloß Hoesch erstmals wieder mit einem Überschuß von 20 Millionen Mark ab, doch der Gesundschrumpfungs-

Demonstrationen gehörten nahezu zum Alltag der Hoeschianer. Hoesch-Arbeiter bei einer Demonstration in Bochum gegen die Fusion ihres Werkes mit Krupp.

Im Hochofenwerk.

prozeß bei gleichzeitigem Ausbau des Unternehmens zu einem Weiterverarbeitungs- und Technologie-Konzern war mit einem schmerzlichen Abbau der Belegschaft verbunden, die allein von 1980 bis 1985 um gut ein Drittel verringert wurde. So gehörten Demonstrationen von Hoesch-Arbeitern in Dortmund und im Ruhrgebiet fast schon zum gewohnten Bild. Demonstrationen und Streiks gab es bereits kurz nach der Dortmunder Gründung. Trotz Leopold Hoeschs selbstgefälligem Lob, in seiner jungen Firma hätten sozialdemokratische Bestrebungen kein Fundament gefunden, wurden 1874 die ersten streikenden Hoeschianer entlassen.

Zu Rohwedders Zeiten hatte der Hoesch-Konzern im Jahre 1989 einen Jahresüberschuß von 76 Millionen Mark. Damals betrug die Zahl der Mitarbeiter des Gesamtkonzerns 44 500. Juni 1990 wurde Rohwedder zum Verwaltungsratsvorsitzenden der Ostberliner Treuhandgesellschaft berufen. Nicht einmal ein Jahr danach starb er durch Schüsse in seinem Düsseldorfer Wohnhaus.

Die Riesenfamilie stand im Hintergrund

Es ist, als wäre mit der Berufung des ersten Springorums zum Vorstandsvorsitzenden der Name Hoesch aus dem Ruhrgebiet verschwunden. Tatsächlich taucht in der Öffentlichkeit Hoesch als Familienname selten auf. Krupp – ja. Hoesch? Dabei sind die Hoeschs eine weit-

„Es ist interessant, daß ein Arbeiter bei uns durchschnittlich nie über 258 Arbeitstage pro anno gearbeitet hat. Es sind ja 52 Feiertage, es treten Krankheitsfälle ein, Abhaltungen aller Art, Familienfeste, zweimal Appell... Die heutigen Löhne können nicht mehr herabgesetzt werden aus zwei Gründen, die Arbeiter würden sonst Mangel und Hunger leiden; zweitens ist ein für uns Fabrikanten sehr bedenklicher Grund, daß wir keinen Nachwuchs so recht mehr haben, da die junge Welt sich Beschäftigungen zuwendet, die weniger mühselig sind, denn der jetzige Stand der Dinge treibt die Leute förmlich vom Eisengewerbe weg."

Leopold Hoesch über die Arbeitsbedingungen vor einer Parlamentskommission 1878.

verzweigte, vor allem sehr aktive Familie. Botschafter und Staatssekretäre stammten aus der großen Verwandtschaft. Viele Bundesbürger kommen beispielsweise hautnah mit Hoesch in Berührung, wenn sie sich in einer Badewanne von Hoesch aus Schneidhausen bei Düren aalen. Schreibste ihm, schreibste ihr, viele schreiben auch auf Hoesch-Papier. Das Leopold-Hoesch-Museum in Düren, eine Gründung des Dortmunder Eisenmannes, steht in der Kunstwelt für die Familie. Eisen und Stahl sind das eine Bein der Hoesch-Wirtschaft, Papier ist das andere, Kunststoff und vieles mehr sind neu hinzugekommen.

Doch in Dortmund sei ihm kein Hoesch mehr untergekommen, woll, bekräftigt ein kundiger Zeitungsredakteur. Er braucht auch nicht zu suchen. Die Hoeschs leben in Deutschland überall, im europäischen Ausland auch, vor allem jedoch wirken sie unternehmerisch aktiv immer noch dort, wo sie begonnen haben, in der Eifel bei Düren. Leopold Hoesch und drei weitere Mitgründer von Eisen-Hoesch in Dortmund haben nämlich nie ihren Wohnsitz in Düren aufgegeben, das mußte nur Albert, der zum ersten Hoesch-Direktor ausgeguckt worden war. Alle anderen blieben sozusagen zu Hause. Alexander Hoesch-Vial, dessen Urgroßvater jener Albert war, hat zwar einen Vater, der gebürtiger Dortmunder war, doch er selbst ist es schon nicht mehr: „Als mein Großvater starb, sind die Hoeschs wieder nach Düren zurückgezogen."

Doch dort und andernorts sind sie weiterhin erfinderisch wie ihre Ahnen. Alberts Urenkel Alexander Hoesch-Vial leitet heute das Unternehmen Hoesch Metall + Kunststoffwerk GmbH und Co in Schneidhausen. Wo 1742 Leonhard Hoesch mit seiner Eisenschneidmühle angefangen hatte, werden heute Badewannen, Whirlpools und Dampfbäder aus Acryl von 500 Mitarbeiter produziert bei einem Jahresumsatz von 200 Millionen Mark.

Wieso ist über Hoeschs, die doch immer aktiv gewesen sind, so wenig bekannt? Einer von ihnen, Wolfgang Hoesch, Betonstahlfabrikant aus Bayern, hat auf einer Aktionärs-Hauptversammlung 1992 „das Geheimnis" gelüftet. Dieser Urenkel von Leopold erinnerte daran, daß „die Familie Hoesch stets der Arbeit verpflichtet gewesen war, und die Personen im Gegensatz zu Krupp nie im Vordergrund gestanden" hätten. Tatsächlich hatte sich die Familie nach dem Tode von Albert Hoesch und der Berufung des ersten Springorums aus dem Unternehmen zurückgezogen. Aktienbesitz – ja, doch aktiv im Geschäft – nein. Nur noch einer von ihnen, Willi Hopp, zweiter Ehemann von Alexander Hoesch-Vials Großmutter, einer leiblichen Hoesch, vertrat in den fünfziger Jahren als letzter im Dortmunder Hoesch-Vorstand die große Familie.

Gründer & Erben

Goldschmidt

Wenn die Chemie stimmt

Theodor Goldschmidt 1817 – 1875

Karl Goldschmidt 1857 – 1926
Hans Goldschmidt 1861 – 1923
Theo Goldschmidt 1883 – 1965
Bernhard Goldschmidt 1884 – 1969
Curt Edeling 1913 – 1992
Karl Theo Goldschmidt 1962

Theodor Goldschmidt 1870

Von der „Gifthütte" zum internationalen Chemiekonzern

Die Chemie muß stimmen. Nicht nur im zwischenmenschlichen Bereich. Stimmt sie zwischen Produzent und Verbraucher nicht, hat einer von beiden das Nachsehen. Deshalb sind die Berliner Chemie-Gründer Goldschmidt Gründer im Ruhrgebiet geworden.

In Berlin stimmte für Goldschmidt die Chemie nicht mehr. Da war der Markt weggebrochen. So beschreiben Wirtschaftsfachleute jene Situationen, wenn ein Unternehmen die Absatzchancen in dem oder jenem Gebiet gering einschätzen muß. Für Goldschmidt hieß das vor 110 Jahren: Go west! Da war das Unternehmen bereits 40 Jahre alt. Im aufstrebenden rheinisch-westfälischen Industrierevier sahen die Berliner

Glückwunschurkunde von 1897

Chemiker ihre Zukunft. Goldschmidts Entscheidung von damals war goldrichtig. Ein klassischer Fall für den erfolgreichen Ortswechsel eines Unternehmens.

Als die Gründersöhne Karl und Hans Goldschmidt sich entschlossen, 1889 den Betrieb dorthin zu verlagern, wo die Produkte des Unternehmens gebraucht wurden, nämlich nach Essen in die Nähe der rheinischen Tuchindustrie von Barmen und von Krefeld beispielsweise, hatten sie zwar die hilfreiche Vermittlung des Bankiers von Waldthausen und das Wohlwollen des Essener Oberbürgermeisters Zweigert, doch die Sympathien der Bevölkerung besaßen sie kaum. Die „Gifthütte" aus Berlin war mehr als unwillkommen. Generationen später erwarben sich die Goldschmidts dann mehr als Hochachtung und Respekt. Ihr großzügiges Mäzenatentum bei der Kunstförderung, zum Beispiel mit Mitteln für Ankäufe des Essener Museums Folkwang, oder ihr sprichwörtlich gutes Betriebsklima, von dem vor allem Berufsanfänger profitieren, werden als nachahmenswert gepriesen. Die Abschiedsworte des Gründersohnes Dr. Karl Goldschmidt nach 40 Jahren im Unternehmen, daß es stets gelungen sei, „die anscheinend gegenteiligen Interessen von Arbeitgeber und Arbeitnehmer, von Kapital und Arbeit auszugleichen", bestätigte 75 Jahre später 1997 der Betriebsratsvorsitzende Günter Gefeller so: Das gute Betriebsklima sei „Verdienst aller Beteiligten".

1889 jedoch brachten die Ansiedlungspläne Goldschmidts die Essener Bevölkerung zum Sieden. In dem Protestschreiben eines pensionierten Rektors gegen eben diese „Gifthütte" manifestiert sich die Ablehnung vieler Bürger gegen eine chemische Fabrik: „... da die ständig sich entwickelnden Gase keinesfalls verbessernd auf die Luft wirken, vielmehr die hier ohnehin bereits von Rauch der industriellen Werke geschwängerte Atmosphäre zum Nachteil derjenigen, welche dieselbe zu atmen gezwungen sind, noch mehr verschlechtern würde." Die höhere Töchterschule und die benachbarte Elementarschule würden unter den befürchteten Dämpfen zu leiden haben. Die Verwaltung des nahegelegenen Schlachthofes war ähnlich besorgt. Ärzte, Lehrer, Bankleute und Bierbrauer trugen ihre Furcht um Tiere, Pflanzen und Menschen als Argument gegen die chemische Fabrik vor. Kein Wunder: Mit der rasant anwachsenden Industrie stieg die Luftverschmutzung stetig; damals wurden die Häuser schnell grau. So hat es gedauert, bis die Essener den zugereisten Chemikern grün waren.

Anfangs alles Essig, später stand der Sinn nach Zinn

Im Winter 1847 machte der damals dreißigjährige Chemiker Theodor Goldschmidt in der Cöpenicker Straße 27 zu Berlin das wahr, was er drei Jahre zuvor in Manchester wohl im Kopf als Plan gewälzt haben muß. In England hatte der junge Mann die Möglichkeiten und Veränderungen studiert, die mit der Industrialisierung verbunden waren. In der zwar großen Stadt Berlin, immerhin schon 400 000 Einwohner zählend, war von den Veränderungen, die auf der grünen Insel das Maschinenzeitalter bereits gebracht hatte, noch nichts zu spüren. Mit der Neugier auf die neuen Techniken war Goldschmidt den anderen Pionieren ähnlich: Krupp oder Harkort, die gleichfalls in England die neuen Verfahren studierten, zum Teil unter anderen Namen sich die neuen Geheimnisse wie Spione zu eigen machten.

Im Winter 1847 gab Theodor Goldschmidt bekannt, unter dieser genannten Adresse künftig chemische Produkte für die Zeugdruckerei und Färberei herzustellen, „als da sind Essigsäure, verschiedene Zinnpräparate usw." Aus dem „usw." ist Ende des 20. Jahrhunderts eine Palette chemischer Produkte geworden, die weltweit technologisch führend ist und von Essen ausgeht. Aber auch Gründer haben ihr Fundament. Im Falle von Theodor war es des Großvaters „Kattun-Druckerei R. Goldschmidt und Söhne". Dort, im inzwischen von seinen Onkeln geführten Betrieb, ging Theodor in die Lehre. Jährlich wurden gewaltige Mengen Stoff verarbeitet

Hans und Karl Goldschmidt im Jugendstilrahmen um 1902.

Das Labor, in dem die Brüder Hans und Karl Goldschmidt erfolgreich experimentierten. Bei einem Experiment verletzte sich Karl an den Händen; die Folgen spürte er lebenslang.

und bedruckt. „Preußischblau" oder „Berliner Blau" hieß der Farbton, mit denen der Tuchstoff Kattun eingefärbt wurde – vor allem die Uniformröcke der preußischen Polizei und Armee.

Neben Studien an der Berliner Universität arbeitete Goldschmidt in anderen Unternehmen, bevor er im angrenzenden Betrieb der beiden chemischen Onkel seine eigene „Chemische Fabrik Th. Goldschmidt" gründete. Die nahen Verwandten waren die besten Abnehmer. Theodor produzierte Vorprodukte für die Textilindustrie wie Präpariersalz (Zinnsoda), Dextrin, Chlorkalk, Zinnsalz und Chlorzinn. 57 Prozent der Produktion des Neffen nahmen die Onkel ab. Schon in dieser Berliner Gründerphase taucht jenes Metall auf, das später mit dem Ruf der Firma als Spezialunternehmen verbunden ist: Zinn.

Doch wie das bei anderen Gründern auch gewesen ist, spätere Generationen führten das Unternehmen zu Geltung – und Zinn spielt dabei eine entscheidende Rolle. 1875 stirbt Gründer Theodor Goldschmidt durch Herzschlag. Vier Jahre zuvor war seine Frau an Schwindsucht gestorben. Die drei Kinder, Karoline, Karl und Hans, sind beim Tode des Vaters noch nicht volljährig, werden unter Vormundschaft gestellt. Karl ist zwar erst siebzehn Jahre alt, doch hat er schon Willen und Wunsch, die Firma zu übernehmen als studierter und examinierter Chemiker. Davon überzeugt er die Vormünder, das Unternehmen wird in eine OHG umgewandelt und der Verlobte von Karoline Goldschmidt, Dr. Otto Kersten, wird Geschäftsführer. Doch schon während des Studiums wirkt Karl entscheidend für das Unternehmen. 1882 wird auf seine Anregung mit Versuchen, zwar erfolglosen, zur Weißblechentzinnung begonnen. Mit vierundzwanzig Jahren ist der junge Goldschmidt bereits Doktor der Chemie, ein Jahr später ist er alleiniger Chef des Unternehmens. Mit der Übernahme durch Karl und mit dem Eintritt als Teilhaber in die Firma 1885 des jüngeren Bruders Hans Goldschmidt, natürlich auch Chemiedoktor, beginnt trotz mancher Rückschläge ein regelrechter Siegeszug des Unternehmens. Erfindung auf Erfindung folgt, die beiden Brüder entwickeln eine Vielzahl von Methoden und Verfahren, erhalten darauf Patente, festigen damit den Ruf und die Solidität des Unternehmens. Die spätere Fehde zwischen den erfolgreichen Brüdern scheint dem keinen Abbruch getan zu haben, obwohl Karls Sohn, Prof. Dr. Theo Goldschmidt, 1958 öffentlich bekannte: „Ein schwerer Schlag für die Firma waren die Mißverständnisse zwischen den beiden Brüdern Karl und Hans, die schließlich zum vollständigen Bruch führten, obwohl ich mich als ehrlicher Makler, wenn auch vergeblich, um die Versöhnung bemüht hatte." Immerhin gebührt den beiden Brüdern das Verdienst, vor dem Ersten Weltkrieg für Mitarbeiter des Unternehmens ein soziales Fürsorgesystem aufgebaut zu haben, das – wenn auch eine Nummer kleiner – dem von Krupp vergleichbar ist.

Von Dosen und Schienen

Zwar war und ist die Bandbreite Goldschmidtscher Produkte ungemein groß und reichte bis zur Sonnencreme („Auf den Bergen, an der See / nimmt man immer Crème Dupré"), doch die herausragendsten Erfindungen und Verfahren sind die Weißblechentzinnung und das lückenlose Schienenschweißen nach dem Thermit-Verfahren. Schon in den neunziger Jahren des 19. Jahrhunderts hatte Goldschmidt Weißblechabfälle aufgekauft, u. a. im britischen Königreich, nachdem Dr. Hans Goldschmidt 1885 mit den Arbeiten zur Weißblechentzinnung begonnen hatte. Das war noch in Berlin. 1905, bereits in Essen, erhält das Unternehmen das Patent für das „Verfahren zum Entzinnen von Weißblechabfällen mittels Chlor". Damit beginnt sozusagen die Recycling-Ära des Unternehmens. Konservendosen über Konservendosen werden bei Goldschmidt aufgehäuft, um nach dieser Methode das gewonnene Zinn wieder in den Produktionskreislauf einführen zu können. In- und ausländische Färbereien beispielsweise bevorzugten von nun an die Essener Produkte.

Die zweite im wahrsten Sinne bahnbrechende Erfindung ist das lückenlose Schienenschweißen nach dem sogenannten Thermit-Verfahren. 1899 wurde mit dem ersten Testschweißen auf der Steeler Straße in Essen begonnen. Heute ist die inzwischen immer wieder verfeinerte Methode auf der ganzen

Welt verbreitet. Diese Erfindung der beiden Gründer-Söhne rückt Goldschmidt in die Nähe des Gründers und Technik-Pioniers Alfred Krupp. Mit dessem nahtlos geschweißten Radreifen rollte die aufkommende Eisenbahn schneller und sicherer. Das lückenlose Schienenschweißen von Goldschmidt machte den Weg für Schienenfahrzeuge noch reibungsloser.

Von Essen weltweit in die Welt

In Berlin vor 150 Jahren begonnen, in Essen zum Erfolg aufgestiegen, am Ende des 20. Jahrhunderts zum weltweiten Konzern expandiert. 6 000 Mitarbeiter hat das Unternehmen heute in zahlreichen Produktions- und Vertriebsstätten in der ganzen Welt. Und von den 1,4 Milliarden Umsatz im Jahr werden mehr als die Hälfte im Ausland gemacht.

Goldschmidt heute – das sind drei Unternehmensbereiche: Chemie – THERMIT – Umwelttechnologie. Die chemischen Spezialitäten von Goldschmidt werden als Zusatzstoffe in vielen Branchen eingesetzt, das reicht von der sogenannten Grenzflächenchemie bis zu kosmetischen Produkten. Was schon zur Jahrhundertwende begonnen hatte, beispielsweise mit der Schienenschweißung für die Berliner Straßenbahnen, ist heute immer noch das weltweit führende Verfahren: THERMIT zur lückenlosen Verschweißung von Schienen. Auch die Umwelttechnologien von der Goldschmidt-Tochter Keramchemie GmbH entwickelt und durch Forschungen ständig verbessert, werden auf der ganzen Welt angewandt: Oberflächentechnik, Kunststoff- und Verfahrenstechnik bei industriellem Korrosionsschutz, Apparatebau, Beiz-, Regenerier- und Aufarbeitungsanlagen.

Heute ist das Unternehmen eine AG. Wirtschaftsfachleute hatten Ende der achtziger

Dosen, Dosen und nochmals Dosen.

Jahre das Unternehmen als eine „Perle unter den deutschen Kapitalgesellschaften" bezeichnet. Die Aktienmehrheit liegt nicht mehr in den Händen der Familie. Seit 1997 ist die AG in den Münchener VIAG-Konzern „eingebunden" – so die offizielle Verlautbarung. Die bis zu diesem Zeitpunkt neunzehnprozentige Goldschmidt-Beteiligung stockte der Großaktionär auf 56 Prozent auf. Die Familie hat immerhin mit etwa 33 Prozent des Aktienkapitals in der Hauptversammlung ein gewichtiges Wort. Familie Goldschmidt? Ähnlich wie die Haniels haben die Goldschmidts eine weitverzweigte Verwandtschaft, die in der ganzen Welt lebt, in USA, England, Österreich, Deutschland usw., doch nicht immer den Gründernamen trägt. Die Interessen der Familie werden gleich mehrmals vertreten: Karl Theo Goldschmidt (Jahrgang 1962) aus Hamburg sitzt im Aufsichtsrat, Dr. Rossmy, von 1981 bis 1991 Vorstandsvorsitzender des

Der schöne Kondor wurde zum Pleitegeier

Der Vater ein genialer Chemiker, erfolgreicher Experimentator und weitblickender Unternehmer – der Sohn gleichfalls unternehmungsbereit, doch sein Höhenflug wurde am Ende eine unternehmerische Bruchlandung. Bernhard Goldschmidt, einer der Söhne des Gründersohnes Karl und Enkel von Theodor Goldschmidt, ließ sich von der aufkommenden Flugbegeisterung vor und im Ersten Weltkrieg anstecken, tat sich mit erfahrenen Luftschiffern zusammen, wählte sich als technischen Leiter den Flugpionier Josef Suwelack, und mietete eine Flugplatz-Halle. Der Himmel über dem rheinisch-westfälischen Industrierevier war damals das Experimentiergebiet der tollkühnen Männer in ihren fliegenden Kisten. Flugplatz Gelsenkirchen-Rotthausen, knapp hinter der heutigen Essener Stadtgrenze gelegen, dort sollte Goldschmidts neue Zukunft in die Luft gehen: Flugzeugbau. Noch lehnten Behörden und des Kaisers Militärstrategen das Fliegen als „lächerliche Geschichte" ab.

Mit einem Eindecker begann es. „... wie wundervoll der 'Kondor' in der Luft aussieht, das beurteilt man am besten durch eigenes Sehen. Man vergleicht ihn am treffendsten mit einem großen Vogel..." So jubelte Flugpionier Suwelack nach dem Probeflug. Das Flugzeug stieg ins Blaue, die Umsatzkurve nicht, die Zahlen blieben rot. Kein Flugzeug wurde abgesetzt. Der Kriegsausbruch 1914 wendete die befürchtete Liquidation ab. Die „lächerlichen Geschichte" sahen die Militärs nun gänzlich anders, Jagd- und Aufklärungsflugzeuge wurden in Auftrag gegeben. Die Mitarbeiterzahl stieg sogar bis zu 1 200. Doch mit Kriegsende und den Bedingungen des Versailler Vertrages 1919 wurde der Kondor zum Pleitegeier. Kein Flugzeug stieg mehr auf. Erst in den dreißiger Jahren wurden bei Goldschmidt wieder Flugzeugteile hergestellt.

Schienenschweißen in Graz mit Goldschmidt-Patent.

Die Stahlbarone Krupp, die Chemiker Goldschmidt und die Bankiers von Waldthausen waren eng miteinander befreundet. Alle drei Familien hatten ihre Häuser im Süden der Stadt Essen, waren sozusagen Nachbarn. Die Ansiedlung des Unternehmens Goldschmidt in Essen hatten die von Waldthausens eingeleitet. Dr. Theo Goldschmidt, Enkel des Gründers, hatte sich nach 1945 bei der Besatzungsmacht vehement für Alfried Krupp während des Nachfolgeprozesses in Nürnberg wegen Kriegsverbrechens eingesetzt.

Unternehmens, ist sozusagen Sachwalter der Familieninteressen, und die in Essen ansässige „Vermögensverwaltung Erben Dr. Karl Goldschmidt" wacht über den Besitz der Goldschmidts.

Das letzte Familienmitglied, das an der Spitze des Unternehmens stand, war Dr. Curt Edeling (1913–1992), Enkel von Karl. Mit seinem Namen sind in Essen und darüber hinaus vor allem Kunst- und Museums-Förderungen verbunden. Das hatte seine Wurzeln bereits bei den Gründersöhnen Karl und Hans Goldschmidt. Als 1922 für die von der Stadt Essen erworbene Kunstsammlung des Hagener Kunst-Pioniers Karl-Ernst Osthaus eine neue Bleibe gesucht wurde, standen die Villen der beiden Brüder zur Verfügung. 1919 und 1922 hatten die Goldschmidts ihre Wohnhäuser der Stadt Essen mit der Auflage gestiftet, sie zu musealen Zwecken zu verwenden.

Werbung für Goldschmidt-Produkte im Jahr 1949.

Gründer & Erben

Schlegel
Stauder
König

Das Revier und sein Bier. Großer Durst nach schwerer Arbeit

An Umsatzzahlen, Einwohner- und Belegschaftszahlen, Konkursen und Betriebsgründungen lassen sich wirtschaftlicher und sozialer Wandel erläutern. Mit Bier? Im Wein soll doch die Wahrheit liegen. Im Rhein-Ruhr-Gebiet ist ein starkes Stück Wahrheit im Bierglas zu finden.

Schon vor der Wende vom 19. zum 20. Jahrhundert war es vor allem der große Durst der Stahlwerker und der Bergleute, für den Hopfen und Malz zu Gerstensaft gebraut worden ist. Schlagend macht dies das ehemalige Symbol der Essener Stauder-Brauerei deutlich: Das „S" wurde zum Amboß umgeschmiedet, auf den ein Schwerarbeiter den Hammer sausen läßt, nein, es ist eine Gerstenähre, die er hochhält, als wär's ein Hammer.

Heute steht die Bierwelt Kopf. Eine attraktive Frau vom Duisburger Hafen, mit Doktorgrad versehen in der Region, in der der Kaiser zu Urgroßväter Zeiten Kasernen und keine Universitäten sehen wollte, macht mit alkoholfreiem Bier Furore. Und auch der Amboß ist verschwunden, hat einem nahezu fürstlichen Zeichen Platz gemacht.

Staubbekämpfung nannten es die Kumpels früher, wenn an der Theke einer und mehrere gezischt wurden. Kaum noch Staub. Die Hochöfen sind erkaltet. Aus Kumpelbrauereien sind Brauereien für Genießer geworden. Wer wollte nicht eine kleine Persönlichkeit sein oder heute einmal ein König. Dem Ruhrgebiet ist dieser Wandel wohl bekommen; die Region ist weiterhin die gute Braustube des Landes Nordrhein-Westfalen.

Als der Durst der Kumpels noch die Brauer froh machte: Schlegelwerbung Anfang der fünfziger Jahre.

Kohle, Eisen, Schlegel-Bier

Johann Joachim Schlegel

1821 – 1890

Der Franke richtete seine Brauerei vor dem Tor des Bochumer Vereins ein: Brauereigründer Johann Joachim Schlegel.

Der Mann hat Erfahrung mit Schlußsituationen. „1980 hatte ich die traurige Aufgabe, an der Schließung der Glückaufbrauerei mitzuwirken." Auch in Recklinghausen wurde ihm 1975 diese Trauerarbeit auferlegt. Und 1979 mußte er in Bochum den Hahn zudrehen, der über 100 Jahre seinen Namen trug: Schlegel.

„Bochums Dreiklang merk ihn dir: Kohle-Eisen-Schlegel-Bier." Kaum noch Nachhall dieses Dreiklanges. Für Klaus-Joachim Schlegel, Braufachmann der vierten Generation, war die Schließung der Brauerei mit seinem Namen Anlaß, Biergeschichte des Ruhrgebietes zu betreiben. Heute ist der Erbe ohne Erbe wieder eine erste Nummer: Für den größten Dortmunder Brauer hat der Diplomkaufmann als nationaler Verkaufsmanager das Bier eines Gründerbrauers mit dem Zusatz „Nr. 1" auf einen der ersten Bierplätze gebracht und schlägt Schaum für seinen Konzern, das heißt: er wirkt als PR-Manager am Marketingkonzept entscheidend mit.

Die Biere aus dem Ruhrgebiet von heute, sagt Bierkenner Schlegel, seien Bürgerbiere, fein und erlesen. „Doch der Ursprung unserer Revierbiere sind Kumpelprodukte." Brauereien, Stahlwerke und Kohle hingen eng zusammen. „Als es Zechen und Stahlwerken gut ging, ging es auch den Brauereien gut." 1958 stand die Bochumer Schlegel-Brauerei an achter Stelle deutscher Brauereien, heute steht sie im Geschichtsbuch.

Als Johann Joachim Schlegel am 1. Mai 1854 am Rathausplatz in Bochum begann, bayerisches Bier zu brauen, war Bochum noch ein Agrarstädtchen. Doch genau wie Henricus König, der vier Jahre später auf der grünen Wiese des Dorfes Beeck bei Duisburg seine Brauerei errichtete, hatte auch der Franke Schlegel den richtigen Riecher: Feuerglut des Eisenschmelzens macht Durst, darum so nah wie möglich an das Fabriktor rücken. „Mein Urgroßvater war schlau", lobt der Enkel und letzte Bier-Schlegel. „Dreihundert Meter vom Bochumer Verein entfernt braute und schenkte er sein Bier aus." Zwar rauchte und dampfte es beim „Bochumer Verein" gewaltig, doch gegenüber den neuen Brauern war die königliche Bezirksregierung rigoros: Brennmaterial und Feuerungsstätten mußten auf vollständige Verbrennung hinwirken, um „Belästigungen und Beschädigungen durch Rauch und Ruß" zu verhüten.

Schlegel war nicht der einzige aus Süddeutschland, der in den Norden zog, Braumeister Brinkhoff und sein Bier kamen aus Bayern nach Dortmund. „Mitte des 19. Jahrhunderts mochten die Westfalen und Rheinländer ihr säuerlich schmeckendes obergäriges Bier nicht sonderlich", berichtet Bierhistoriker Schlegel. Bier aus dem bayerischen Ausland war gefragt, wohlschmeckend, kräftiger, untergärig. „Damals vollzog sich eine Geschmacksrevolution."

Begünstigt wurde der Siegeszug bayerischer Biere durch die Obrigkeit. Adalbert Graf von der Recke-Volmarstein, Landrat des Kreises

Bochum, schien entsetzt über seine Untertanen. Die Einfuhr des Bieres aus Bayern kostete Unsummen. Das Bier wurde obendrein zu Überpreisen verkauft. So geriet der Graf in Sorge: Durch den reichlichen Biergenuß stürzten sich vor allem ärmere Bevölkerungskreise – Berg- und Hüttenarbeiter, Kötter und Bauern – in Ausgaben, die weit über ihre Verhältnisse gingen.

Da riet der Graf zum eigenen Bier. Er rief und Schlegel kam. Der Franke Schlegel traf es gut an: Auf dem gräflichen Gut Haus Overdyk wurde seit 1839 Bier gebraut. Und dort begann JJ Schlegel 1850 seine Arbeit.

Doch die Zeiten waren turbulent; Preußen und Bayern, schon damals ein heißes Eisen. Um sich selbständig machen zu können, mußte Schlegel Preuße werden. Prompt fiel er beim Vater in Ungnade und bekam von dem keinen Pfennig für seine Braustätte. Da heiratete Schlegel. Und der Schwiegervater war spendabel und gab das fehlende Geld. So kam JJ Schlegel im Januar 1854 mit seiner Fränkin per Rheinkahn und mit Postkutsche zum zweiten Male in Bochum an. Im Sommer schon fuhr er mit dem Ochsenkarren zum erstenmal nach Sevinghausen, um dort Gersten-Malz zu holen.

Das Bier mit den drei Schlägeln, doch mit „ä" geschrieben, die Hämmer der Faßmacher, der Küfer, wurde zum Begriff. Wegen des sprachlichen Gleichklangs wurden die Hämmer auch fälschlicherweise als Bergmannsschlägel gedeutet und gaben so Anlaß zu mancher Frotzelei: Schlegel-Bier ist Kopfschmerz-Bier – ein Hammer trifft dich immer.

Mit Klaus-Joachim Schlegel geht die Biertradition dieses Namens in der vierten Generation zu Ende. Die fünfte Generation? Tochter Sibylle hat sich für das Lehramt entschieden. Und der Vater? An vier Fusionen der Branche beteiligt, nun vom Bier geheilt? „Bier ist ein ganz besonderer Saft", sagt er Goethe- und Gerstensaft-kundig. Bier ist nicht nur Beruf für diesen Mann, es ist sein Steckenpferd. „Wenn ich mal nicht über Bier rede, bin ich wahrscheinlich tot." Wenn in Dortmund ein Brauerei-Archiv aufgebaut wird, dann ist er dabei.

Die vierte Schlegel-Generation: Klaus-Joachim Schlegel weiht die Straße „Am Schlegelturm" in Bochum ein.

Bier verbrüdert

Die Bierbrauer, im Zuge der Gründerjahre im Ruhrgebiet groß geworden, sind im wahrsten Sinne des Wortes eine große Familie. Wirtschaftliche und verwandtschaftliche Verflechtungen in dieser Branche lassen sich am Beispiel Schlegel deutlich machen.

Bei Stauder in Essen, deren Familie 12 Prozent Anteile an der Schlegel-Brauerei hielt, hatte der letzte Schlegel, Klaus-Joachim, als Diplom-Kaufmann begonnen. Danach: Geschäftsleitung bei Schlegel in Bochum, später Recklinghausen, die Dortmunder Union-Schultheiss-Gruppe schickte ihn zur Glückauf-Brauerei nach Gelsenkirchen, heute wirkt er in der Union-Gruppe in Dortmund.

1918 trat der Bochumer Bierbrauer Moritz Scharpenseel bei Schlegel ein. Die Scharpenseels – römisch-katholisch, die Schlegels – evangelisch-lutherisch. Biertrinker höhnten: Schwarzes Bier wird mit blauem gemischt. Ob es besser wird, weiß man nicht. 1920 wird die Recklinghäuser Brauerei AG dem Gesamtbetrieb angegliedert, deren Gründer die Braumeister Pott aus Oelde und Goebel aus Essen (Stern) waren. In den zwanziger Jahren wird die Bochumer Brauerei Arnold Fiege (nicht mit der Löwenbrauerei Moritz Fiege zu verwechseln) übernommen sowie Brauereien in Herbede und Werden.

Die verwandtschaftlichen Bande werden 1937 eng. Dr. Arnold Fiege, Schlegeldirektor bis zur Pensionierung 1962, wie auch Hans Schlegel heiraten. Jeder nimmt sich eine Tochter eines begüterten Weingutes an der Mosel zur Frau – die Brauerei-Inhaber sind Schwäger geworden.

Im Laufe der Zeit wurde überall eingeheiratet. So entstanden Familienbande zwischen den Brauerfamilien Schlegel, Fiege, Hülsmann in Wanne-Eickel und Hackert in Westerholt. Über den einen und anderen Brauersproß entstanden wieder Verwandtschaften in weit entfernt liegende Städte, so zum Beispiel zum Herforder Pils und so weiter und so weiter.

Schnelltrinkerkneipen verschwanden

1863 gab es in Bochum 77 Brauereibetriebe mit einem Bierausstoß von 20 611 Hektolitern jährlich. 1905 brauten in der Stadt nur noch acht Betriebe, aber allein die Schlegelbrauerei brachte es auf 91 281 Hektoliter.

„Die Entwicklung unserer Brauerei war unverkennbar mit der seit 1870 im Bochumer Raum vorherrschenden Kohle- und Eisenindustrie verbunden," sagt der letzte Schlegel. 72 730 Menschen wohnten in Bochum um 1905. Auf 22 Zechen wurde Kohle gefördert. Die größte Zahl der fördernden Kohlengruben wurde 1890 mit 30 Betrieben registriert.

Die 22 Zechen von 1905 förderten knapp acht Millionen Tonnen Kohle. 1938 war für Bochum das Jahr mit der größten Kohleförderung: 11,5 Millionen Tonnen. In den fünfziger Jahren waren nur noch 17 Anlagen übriggeblieben. 1960 machte die erste Zeche zum Beginn des großen Zechensterbens dicht: „Prinz Regent". 1973 war es in Bochum endgültig mit der Kohle vorbei: „Hannover-Hannibal" wurde stillgelegt. Bochum und Kohle heute? Die Kohle ist in dieser Stadt nur noch museal, sie ist im Bergbaumuseum zu besichtigen.

Wie sehr einige Brauereien von Kohle und Stahl abhingen, macht eine Analyse Mitte des Jahres 1969 deutlich. Bei der Schlegel-Brauerei wurde damals zum erstenmal ein Ausstoßrückgang gemeldet. Zitate aus der damaligen Analyse:

„Schlegel vermißt den Kumpel. Student und Opel-Arbeiter, überwiegend Pendler, sind für die Schlegel-Brauerei kein Ersatz für den Bergarbeiter. Schnelltrinkerkneipen, in denen nach Feierabend einige kühle Bierchen getrunken wurden, sind kein Geschäft mehr. Früher gab es in der näheren Umgebung jeden Zechentores sechs bis sieben Wirtschaften mit einem Monatsausstoß von 30 Hektolitern. Von den ehemals 17 Zechen in Bochum ist aber nur eine geblieben."

Sittenverfall im zweiten Wohnzimmer

Gründerjahre sind wilde Jahre. Wohin auch nach zehn und mehr Stunden unter Tage? Keine richtige Familie, kein richtiges Zuhause. In den Gründerzeiten boten sich „Animierkneipen" an. Ein seltsames Kapitel Gastlichkeit im Ruhrgebiet.

1909 beklagte die in Essen erscheinende „Soziale Revue" die immer größer werdende Zahl dieser Kneipen: „Ein schwerer Krebsschaden unserer Zeit." Häufig erlaubten die Wirte den männlichen Gästen, sich mit einer Kellnerin in ein besonderes Zimmer zurückzuziehen, um dort, wie es hieß, „namentlich den Beischlaf zu vollziehen". In vielen Bierlokalen wurden solche Zimmer mit der Aufschrift „Weinzimmer" kenntlich gemacht. Eintritt: eine Flasche Wein.

1908 hieß es in einer Schrift zur Bekämpfung der Geschlechtskrankheiten unter der Überschrift „Der Kampf gegen die Animierkneipen" unter anderem: „Die Animierkneipen zeigen ein Zusammentreffen von systematisch herangezogener Trunksucht und Unzucht in ihren schlimmsten Formen." In einer anderen Schrift heißt es: „Animierkneipen stellen einen Hauptrepräsentanten der geheimen Prostitution dar." In einem Bericht einer Kellnerin dieser Kneipe wird die Stimmung nahezu sicht- und ruchbar: Der Geruch, der von den Arbeitern ausgegangen wäre, sei so entsetzlich gewesen, daß die Männer gebeten wurden, Pfeife und Zigarre zu rauchen. Doch durch die Giftnudeln und dem letzten Knaster wäre der Gestank noch schlimmer geworden.

Fritz Uphoff: Trunkene Kumpels, um 1925, Öl auf Leinwand, 90 x 80, Sammlung Schmacke.

1902 erließ die Stadt Meiderich eine Polizeiverordnung über weibliche Bedienung in Gaststätten, die überall als Beispiel gesehen wurde. Darin wurde zum Beispiel festgelegt: Die Räume müssen unverschlossen sein und einen freien Überblick gewähren, das weibliche Personal habe „anständige, unauffällige Kleidung, welche die Sinnlichkeit der Gäste nicht erregt" zu tragen, Passanten dürften nicht durch „unanständiges und auffälliges Verweilen der Kellnerinnen an Fenstern oder

Türen angelockt werden", weder dürften die Frauen Speisen und Getränke von den Gästen erbitten, noch jene zum Trinken animieren.

Montangeschichte – Biergeschichte

Mit der aufstrebenden Industrie, vor allem mit Kohle und Stahl, entstanden Mitte des 19. Jahrhunderts, einige bereits früher, Montan-Brauereien. Einige von ihnen sind untergegangen oder aufgekauft worden, so daß nur noch der Markenname existiert: Schlegel (Bochum und Recklinghausen), Glückauf (Gelsenkirchen), Bergmann (Dortmund, 1796 gegr., 1971 stillg.), Hansa (Dortmund), Linden-Adler (Unna), Hülsmann (Wanne-Eickel), Hackert (Westerholt).

Das Bier gibt es nicht mehr. Die Dortmunder Union Brauerei besitzt die Rechte am Namen der stillgelegten Gelsenkirchener Brauerei „Glückauf" wie auch an anderen nicht mehr existierenden Marken.

Typische Montan-Brauereien, die mit ihren Marken den Wandel geschafft haben, sind: Dortmunder Union (1873 gegr.) Dortmunder Actien (1868 gegr.), Stauder in Essen (mit Stern, 1857 gegr.), König in Duisburg (1858 gegr.).

Doch das Ruhrgebiet hatte und hat zum Teil jahrhundertealte Brauereien: Löwenbrauerei Moritz Fiege (Bochum, 1749 gegr.), Rose-Brauerei (Dorsten, 1879 gegr.), Bergbrauerei mit Mölmsch (Mülheim, 1875 gegr., heute Dr. Droll-Gruppe).

Dortmund war und bleibt die Bierhauptstadt des Reviers. Doch gerade in dieser Stadt hat sich im Fusionieren immer etwas getan. Ab Anfang 1997 gibt es in Dortmund nur noch zwei Braustätten: DUB und DAB – Dortmunder Union und Dortmunder Actien-Brauerei. Zuvor waren schon bei der DAB: Krone (seit 1430), Thier (ab 1854) und Stifts (ab 1900). Die Hagener Andreas-Brauerei kam schon Anfang der neunziger Jahre zu DAB.

Das Wirtshaus an der Emscher

Theodor Stauder 1821 – 1882

Jacob Stauder 1852 – 1916

Brachte die bayerische Brauart nach Essen: Vater Theodor Stauder.

Gründete die Privatbrauerei gleichen Namens: Sohn Jacob Stauder.

1867 trat Rußland das eisige Alaska an die USA ab. Im selben Jahr wurde den Pächtern von Wirtschaften gestattet, das Eis der kleinen Teiche vor den Toren von Essen als Kühlmaterial zu gewinnen – für ein neues Bier: Stauder.

1867 begann in Essen die Zeit des wohlschmeckenden Bieres. Bis dahin hatte es wie andernorts auch Grund zum Trinken (wir würden heute sagen: zum Abgewöhnen) gegeben, eine Würzkrautmischung aus Porst und Gagel (erschröckliche Namen). Scharf und säuerlich soll das Gesöff obendrein gewesen sein.

Erst 1500 wurde mit Hopfen gebraut. Doch da hatten sich die Essener Bürger bereits gegen die Äbtissin durchgesetzt und waren an der Brausteuer beteiligt. Die Vorsteherin des adeligen Damenstifts im Landstädtchen Essen hatte bis zum 14. Jahrhundert das Braurecht für sich in Anspruch genommen.

Als einige Jahrhunderte später die Bayern an die Ruhr kamen, wurde alles anders. Wie Brinkhoff nach Dortmund, wie Schlegel nach Bochum, wie der Münsteraner König nach

Duisburg mit seinen Münchener Bierkenntnissen gekommen war, um den Menschen an Rhein und Ruhr etwas Neues ins Glas zu schütten, so wollte auch der Mainfranke Theodor Stauder im Land der Kohle und des Eisens sein Glück versuchen. Das bisher unbekannte Land, wo die Maschinen wuchsen, zog sie alle an. Den Kohlegräbern und Fabrikarbeitern, den Hüttenarbeitern und Eisenwalzern aus Schlesien und Masuren, aus Polen und Holland, aus dem sächsischen und dem thüringischen Bergbau, den Ingenieuren, Kaufleuten, aber auch Spekulanten aus Belgien, England und Irland, den Bauunternehmern aus Hessen, den Fuhrunternehmern aus dem Rheinland und anderswo, dieser großen Schar der kleinen Malocher und der großen Geldmacher folgten die Biermacher, folgten die Brauer, jene, die auf den großen Durst setzten.

Tatsächlich: Bier war Trumpf. Diese Brauer mit Mut zum Neuanfang hatten auf die richtige Karte gesetzt. „Das alte Bier gibt es nicht mehr!" Die Gäste in der Windmühle am Limbecker Tor zu Essen, gleichzeitig eine Wirtschaft, stutzten. Da zeigte der Müller-Wirt auf einen jungen Mann: „Stauder, Theodor, Faßbinder und Brauergeselle, der macht jetzt euer Bier!" Er muß es gut gemacht haben.

Die Mühlenwirtschaft aber war bereits umzingelt von kleinen Fabrikbauten der anderen neuen Herren, der aufkommenden Stahlbarone, Krupp und anderer. Umgeben war sie schon von den ersten Koloniehäusern der neuen Klasse, des Industrieproletariats, mit Gärten und Ställen hinterm Haus. Am Rande der Häuserreihen wogten noch die Kornfelder. Wer ahnte damals schon den dräuenden Abriß der alten Mühle. 1883 fiel dieses Zeugnis ländlicher Vergangenheit von Essen. Anstelle der Windmühlenflügel surrten und zischten bald Portalkräne durch neue Fabrikhallen.

Da war der Brauer Theodor Stauder längst auf dem Weg zum gemachten Mann. Wo heute das City-Center von Essen steht, erwarb der Mainfranke ein kleines Hutzelhäuschen, eine Hausbrauerei, um schon nach kurzer Zeit zu erkennen, für den großen Durst der Schmiedeleute von Krupp, der Zechenarbeiter der nahen und fernen Bergwerke ist dieses Knusperhäuschen zu klein.

Der Mann träumte von einer Oase, einer Nische unter Dampf und Ruß, in der sich alle, auch er, laben konnten, und die doch mittendrin lag im Kessel von Teufgerüsten, Bohrmannschaften, Dampfmaschinen, Fabriken und Fuhrwerken, Straßen- und Kolonieerbauern, Kohlengräbern und Kohlenhändlern. „Die Oase muß in der Wüste liegen", soll er gesagt haben. Die „Wüste" war die wildwuchernde Industrielandschaft von Altenessen.

Vater Theodor, seine Söhne Jacob und August Stauder übernahmen eine kleine Brauerei nebst Gastwirtschaft am Rande von Altenessen, der damals größten selbständigen Gemeinde der preußischen Rheinprovinz. Die Emscher floß noch klar und rein, noch nicht kanalisiert. Heute ist sie als Abwasserfluß die Pechmarie des Ruhrgebietes. Damals standen Forellen in ihrer seichten Strömung.

Der Standplatz war gut gewählt: Ein Brückenübergang über die Emscher. Fuhrleute hielten dort und Postkutschen, die aus dem Münsterland und der Dorstener Gegend kamen. Zur Bahnstation der Köln-Mindener-Bahn wollten sie, der ersten Streckenführung auf Essener Gebiet. Sohn Jacob war das nicht genug. 1882 war das Stauderbier so etabliert, daß durchreisende Gäste an der Wirtschaft nahe der Emscherbrücke nur noch einen winzigen Teil der Stauder-Trinker ausmachten.

Der Sohn baute auf einem eigenen Grundstück seine Brauerei. Er hielt Pferde, Gänse, Kühe, Schweine, Schafe, Viehzeug aller Art. Manche Gans und manches Huhn wurde bei Jacob Stauder ausgekegelt. April 1888 wurde offiziell seine Löwenbrauerei eingeweiht. Als aus Bayern Protestgebrüll erschallte, das

Mitte des vergangenen Jahrhunderts, als der erste Stauder in Essen mit der Bierbrauerei begann, gab es im Landkreis 85 Brauereien mit 101 Mitarbeitern. Die Brauer waren gleichzeitig Wirte, Landwirte, Bäcker, manchmal auch Kaufleute. Gebraut wurde helles und dunkles obergäriges Bier mit schwachem, grobblasigem Schaum, der nach dem Zapfen schnell verging. Es gab auch sogenanntes Märzenbier, das im Oktober eingebraut wurde und nach halbjähriger Lagerung im Frühling ausgeschenkt wurde.

1860 achtete in Essen ein gefürchteter Polizeiinspektor Dähne auf Zucht und Ordnung. Es wurde oft so gebechert, daß mit Fug und Recht von Trunksucht gesprochen wurde. Dähne hatte besonders die Trunksüchtigen aufs Korn genommen. In den Gastwirtschaften ließ er „Säuferlisten" aufhängen mit den Namen der damals massivsten Trinker. Auf Plattdeutsch hieß das Papier „Süperlist". Jahrelang stand ein Scherenschleifer Pickart an erster Stelle, der mit seinem Schleifkarren durchs Ruhrland zog. Er besorgte sich schließlich seinen Stoff dort, wo keine „Süperlist" an der Theke hing.

bayerische Wappen- und Biertier nicht zu mißbrauchen, verbannte der Mann schnell den Löwen vom Schild und schrieb „Stauder-Bier" drauf. Der bayerische Löwe verstummte. Der Durst aber wuchs und wuchs...

Mit Funke ging ein Stern auf

Die Sternbrauerei, 1989 für 15 Millionen Mark von Stauder erworben, ist aus der Essener Actien-Brauerei hervorgegangen. Auch an Stern werden die wirtschaftlichen Verflechtungen und die verwandtschaftliche Nähe der Gründerfamilien im entstehenden Ruhrgebiet deutlich.

Fritz Funke (1821–1884) war maßgeblich an der Gründung der Sternbrauerei beteiligt. Die Funke-Tochter Johanna Catharina Gertrud wurde Ehefrau von Georg Friedrich Grillo, einem Eisenwarenhändler auf der Viehofer Straße in Essen. Wilhelm und Friedrich Grillo, die beiden bedeutenden Gründerväter, sind Kinder dieser Ehe.

Fritz Funke, zunächst Maurergeselle, wurde früh Teilhaber einer Baufirma. 1853 machte er sich selbständig. Mitte der sechziger Jahre beschäftigte er bereits 2 000 Arbeiter in seiner Firma, für die damalige Zeit eine ungeheure Zahl. Funke und sein riesiges Bauunternehmen wurden die Maurer des Ruhrgebietes. Zechen und andere Industriebauten errichteten seine Leute. Alfred Krupp entwarf seine Villa Hügel vom Keller über jeden Wasserhahn bis zum Dach. Fritz Funke baute diesen Protzbau.

Aber auch an Zechengründungen war Funke beteiligt: „Unser Fritz" in Wanne, „Heisinger Tiefbau" in Essen, „Minister Stein" in Dortmund. Im Presbyterium der evangelischen Gemeinde engagierte er sich für soziale Belange.

Sein Sohn Carl (1855–1912) faßte die Aktivitäten seines Vaters zusammen und erwarb neue Unternehmungen hinzu: Daraus formte er die Essener Steinkohlebergwerke AG. Wie andere Unternehmer seines Alters bewunderte der jüngere Funke den älteren Grillo. Auch Funke gehörte zum legendären Grillo-Kreis, in dem Neuerungen besprochen wurden, Zusammenschlüsse diskutiert, ja unternehmerische Waghalsigkeiten auf ihre Machbarkeit solange hin- und hergewägt worden waren, bis der alte Grillo wieder jüngere überzeugt hatte, den Zusammenschluß zu wagen. Doch Friedrich Grillo, der nicht nur eine besessene Neigung gehabt haben muß, andere zu wagemutigen Dingen anzustiften, ließ den Jüngeren genügend Raum, damit auch sie wichtige Anregungen geben konnten. So zum Beispiel im Falle Carl Funke und dessen Projekte in der Kohlechemie. Mehr noch als der Vater Fritz engagierte sich der Sohn Carl Funke im kirchlichen Bereich. So wurde er einer der vielen Stifter der Gründerzeit sozialer und kultureller Einrichtungen, die bis heute im Ruhrgebiet, vor allem in Essen, fortwirken: Schulen, Kinderheime, Krankenhäuser...

Kleine Persönlichkeit

Von wegen kleine Persönlichkeit. Als Präsident des deutschen Tennisbundes ist er qua Amt eine große Nummer: Dr. Claus Stauder. Bruder Rolf ist schon wegen seiner Einsdreiundneunzig das Gegenteil von klein. „Lang", korrigiert er lachend. Immerhin sei er anderthalb Jahre älter, kontert der kleinere Claus. Bei Stauders geht es, trotz großer Vornehmheit, nie bierernst zu.

Einst für Kumpels gebraut, ist heute Stauder eine „exclusive Marke" unter den Flaschenbieren. Der kleinen Persönlichkeit, wie die Bierflasche sich inzwischen auf dem Markt durchgesetzt hat, wird seit Ende der sechziger Jahre ein Kranz neuartiger Bierphilosophie geflochten. „Man kann sich mit der Marke Stauder von anderen unterscheiden", sagt Claus Stauder. Sie sei ein Symbol für Exklusivität.

Tatsächlich ist sie in vornehmen Häusern zu Hause: Kempinski, Vierjahreszeiten, Wienhotel Sacher oder im Pariser Le Crillon wird das Bier aus Essen als zusätzliche Marke geführt. Als Tennispräsident, aktiv im Nobelclub Etuf am kleinen Ball, logiert Claus Stauder auch in solchen Hotels. Der erste Blick in die Zimmerbar, ob da auch die kleine Persönlichkeit drin ist? „Ich freue mich, wenn ich sie sehe", gesteht der promovierte Bierbrauer lachend, „man hört ja nie auf, Unternehmer zu sein." Und wenn sie nicht im Hotelkühlschrank steht? Als Namensträger helfe er dann den Verkaufsmanagern beim Bestellen. „Klinkenputzen habe ich gelernt."

1967, zum Hundertjährigen der Familienbrauerei Jacob Stauder, begann die Neuzeit. „Das Ruhrrevier trinkt Stauderbier". Wie eine unumstößliche Wahrheit prangte es riesengroß am Essener Hauptbahnhof. Daneben stand: „Ruhrkohle – sichere Energie". Die Zeit hat beide Sprüche überholt. „Diese Aussage hat uns eingeengt. Wir wollten uns nicht nur auf diesen Markt der Region beschränken." Schon die Vorfahren hatten die Enge des Marktes geographisch erfahren: Die schwerbeladenen Pferdefuhrwerke schafften den langgezogenen Holteberg am Ausgang von Altenessen nicht und so auch nicht den oben liegenden Zugang nach Essen.

Die jungen Stauders, Rolf und Claus, fürchteten Anfang der sechziger Jahre die Gefahr, ähnlich wie die Kumpel- und Gründerbiere „Schlegel" in Bochum und „Glückauf" in Gelsenkirchen zu versiegen. „Das Bier konnte früher nicht herb genug sein, zusätzlich noch einen Schnaps", analysiert Diplom-Braumeister Rolf die Bier-Vergangenheit. Die Jungen riskierten alles. Das Firmenzeichen – Stauder-S wie ein Amboß, Brauer mit erhobener Gerstenähre wie ein Hammer – verschwand. Das Familienwappen wurde Logo für den Gerstensaft. Nahezu fürstlich sieht es aus. Und die beiden Jungen wagten es, den Bierpreis heraufzusetzen. Acht bis zehn Prozent Preisabstand hat Stauder zu anderen Bieren – nach oben, bis zu zwei Mark macht das beim Kasten. „Wir achten darauf", sagen die Brüder ernst und stolz, „daß Stauderbier nicht verschleudert wird, sondern Preisführer bleibt."

Diese Exklusivität muß sich das Unternehmen etwas kosten lassen. Braumeister Rolf, als Segelclubvorsitzender vom Äußeren her Typ Käpt'n, geht durch Gerstenfelder und Hopfengärten. Die sechszeilige Gerste verschmäht er, zweizeilig muß sie sein für bestes Malz. Und immer Sommergerste. Und immer nur Aromahopfen. Andere Brauer haben ihr Bier in vierzehn Tagen fertig. Die Altenessener Brauer lassen es acht bis zehn Wochen kurz vor dem Gefrierpunkt im Tank. In Ruhe gereift – ein

Werbespruch, der mit der Realität übereinstimmt. Den herben Staudergeschmack von einst jedoch, den hat keiner mehr auf der Zunge.

Setzen auf die kleine Persönlichkeit, die Stauder-Brüder Dr. Claus Stauder (links) und Rolf Stauder im traditionsreichen Sudhaus von Altenessen.

Manchmal ist es wie zu Gründers Zeiten. Auf der großen Wiese hinter der Produktionsstätte weiden Schafe, vereinzelt grasen Kühe. Die Zukunft? Da werden aus den freundlichen, doch kühlen Rechnern des 70-Millionen-Umsatzbetriebes stolze Väter. Axel (Vater Rolf) war Jahrgangsbester als Diplom-Brauerei-Ingenieur in Weihenstephan. Thomas (Vater Claus) promovierte als Betriebswirt über Qualitätsmanagement am Beispiel der Brauwirtschaft.

Wenn die Rede auf die Zukunft und die sechste Generation kommt, kommen beide Brüder auf die Absicherung des Familienunternehmens zu sprechen. Die Anheuser-Bush Gruppe zum Beispiel in den USA hat annähernd soviel Bierausstoß wie alle deutschen Brauereien zusammen. In einigen Jahren würden die großen internationalen Brauereien auch auf dem deutschen Markt sein. Und deshalb sprechen die Stauders von einer „möglichen strategischen Allianz". Es gehe aber stets darum, „den Perlencharakter des Stauderbieres in Kooperation zum Beispiel mit einer internationalen Gruppe zu nutzen, um das vorhandene Wachstumspotential schneller und optimal ausschöpfen zu können." Der Erhalt des Familienunternehmens stehe auch bei solchen Überlegungen obenan – und damit auch die kleine Persönlichkeit.

50000 Hect.
König-Brauerei AG. vorm. Th. König
Beeck b/Ruhrort

Ein starkes Team um 1900: Für die Belegschaft der König-Brauerei waren 50 000 Hektoliter Bier ein Grund zum Feiern und zur Positur für den Fotografen und damit für die Nachwelt. Selbst die Kleinen mit dem Handwagen kamen bei diesem feierlichen Anlaß mit auf's Bild.

Vom Bauernjungen zum Braumeister

Theodor Henricus König 1825 – 1891

Wie immer gab sich der Zechenherr leutselig. Am Biertisch kam er schließlich doch zum Kern: Land wollte er kaufen. Irgendwann gab der Braumeister nach. Er hat die Entscheidung nicht bereut: Thyssens Kumpel wurden Königs Kunden.

Diese entscheidende Begegnung zwischen dem Duisburger Braumeister Theodor Henricus König und dem Großindustriellen August Thyssen ist nicht datiert, doch es gibt genügend Berichte über andere Einkehrtage Thyssens bei König. August Thyssen machte bei seinen Geschäftsreisen (immer in der Kutsche) am Bierausschank von König Halt, besprach mit dem Kundigen Land und Leute, der Herr der Zechen erzählte dem Herrn der Zecher auch ein wenig von Neuerwerbungen, von Kohlebohrungen und vielleicht auch von seinen weiteren Plänen. Land für Zechen und Hütten brauchte August Thyssen. Bier trank der körperlich kleine Mann, längst eine Wirtschaftsgröße, bei König kaum. Er hielt sich wacker an Wein.

Irgendwann in den achtziger Jahren des 19. Jahrhunderts paßte auch das Land des Braumeisters in des Großindustriellen Pläne. König soll lange mit sich gerungen haben, das Land zu veräußern; immerhin waren es auch Ländereien und Höfe seiner Frau Katharina, auch das Gelände seiner Ziegelei wollte Thyssen haben, mit der er, König, die Brauerei hatte bauen lassen. Doch dann müssen wohl die Gedanken seiner Jugend gesiegt haben. Er, der Bauernjunge aus dem Münsterland, war ja ins Niederrheinische gegangen, weil er dort in einer heraufziehenden industriellen Zukunft auch die Zukunft seiner Braukünste gesehen hatte.

Vom Bauernsohn zum Brauereigründer: Theodor Henricus König.

Mit 25 Jahren fuhr der junge König nach München. Als er glaubte, dort genug gelernt zu haben, fuhr er weiter nach Wien.

Die Pilsener Biere, der Gerstensaft aus Böhmen, hatten es ihm angetan. Nach fünf Jahren München und Wien wollte er sich selbständig machen. Nach langer Suche wurde der junge Braumeister am Niederrhein fündig: Beeck, immerhin schon ein 3 000-Seelen-Örtchen, gefiel ihm als Standplatz für eine neue Brauerei. Ähnlich wie andere spätere Großbrauer begann auch König in einer bestehenden Hausbrauerei um 1855. Tatsächlich war der Standort gut gewählt: Die Gesellschaft Phönix baute in Laar Hüttenwerke und in Hamborn wurde nach Kohle gegraben. Ein Brauer war dort König für viele Durstige in einem regelrechten Goldgräberland. Schon ein Jahr später, 1856, hatte sich der Braumeister aus dem Münsterland mit Münchner und Wiener Erfahrungen so weit eingelebt, daß er an eine eigene, große Brauerei denken konnte. König kaufte Land. Doch dem Landratsamt teilte er auf Verlangen zwei Jahre später mit: „1858 war mein Geschäft im Entstehen und ich mußte Bier billig verkaufen; folglich habe ich nichts verdient."

1825 wurde er als Sohn des wohlhabenden Bauern Schulze-König in Nottuln geboren. Schon als Kind hatte ihn die Schloßbrauerei des nahen Schloßes Cappenberg fasziniert. Als Jungbauer ging er dann ins Emscherland bei Sterkrade. Doch die Arbeit schien ihm nicht geschmeckt zu haben. „Vater, ich will Brauer werden." Die Eltern stimmten zu.

Das änderte sich schnell. Die Industrie boomte in Beeck und um Beeck herum. Und auch am Niederrhein galt es wie andernorts: Arbeiten und Feiern. Eine Notiz belegt dies für das Jahr 1883 im kleinen Beeck: 96 Bälle, 32 Konzerte, 17 Theater- und andere öffentliche Veranstaltungen. Dem Vermerk am Ende der Notiz ist zu entnehmen, daß auch in Beeck Wohlstand eingekehrt war: Es ist genügend für die Armenkasse geblieben.

Die Arbeit trug Früchte, die Königs waren im Geschäft. Und die Aussichten wurden rosiger. Neue Nachbarn gesellten sich zu den alten: Im Norden die August-Thyssen-Hütte, die aus ihrer Zeche „Gewerkschaft Deutscher Kaiser" hervorgegangen war und durstige Kumpel zu Hauf hatte, im Süden die Phönix-Hütte, in der Nähe die Emscher-Hütte und die Grillo-Hütte, zum Schluß auch noch die Rheinisch-westfälischen Kupferwerke.

1888 dampfte es gewaltig in der Brauerei. Die erste Dampfmaschine wurde in Betrieb genommen. König war endgültig etabliert. In den drei Jahren, in denen der Firmengründer noch lebte, hat der westfälische Bauernsohn seinen Jugendtraum ausgebaut: „Der Brauer maischt den Bottich ein, Gott geb ihm Glück und Segen drein." So war es denn auch.

Jede Generation der „Königs" prägte auf ihre Weise Unternehmen und die Marke König-Pilsener. Die vierte Generation war besonders erfolgreich: Diplom-Volkswirtin Renate König und ihr Vetter Dr. Leo König, die beide von Mitte der sechziger Jahre bis 1991 die Geschicke der Brauerei lenkten. Ihnen gelang es, sich mit der Premiummarke König-Pilsener auf dem deutschen Biermarkt durchzusetzen. Die König-Brauerei war bereits vor 30 Jahren das erste Unternehmen der deutschen Brauwirtschaft, das für sein Produkt national geworben hat. Unter der Leitung von Renate König und Dr. Leo König wurde 1967 der Millionste Hektoliter König-Pilsener feierlich „gepichelt" und 1976 schäumte König über die 2-Millionen-Marke. Mit Doris König und dem neuen alkoholfreien Pils „Kelts" war der Aufbruch in ein neues „Bierzeitalter" bei König und ein markanter Generationswechsel „angeschlagen".

Königin der Pilsblume

Der Urahn knallte den Bierseidel auf den Eichentisch. Bierselig taten's ihm die Leute nach. Die Urenkelin gewinnt neue Kunden mit Bier ohne Alkohol. So ändern sich die Zeiten.

Doris König, Doktor geworden mit der Arbeit „Das Familienunternehmen als Rechtsform der AG", leitet seit 1991 das Unternehmen. Vater Dr. Leo König hörte den Spitznamen „Köpi" nicht so gerne. Heute wird daraus Kapital geschlagen. Bei der Tochter heißt es „Köpi for King's". So kommt feiner englischer Stil ins Spiel. Ob die Tochter mit ihren Marketing-Fachleuten ähnliche Gedanken hatte, als 1989 der seltsame Markenname „Kelts" für das alkoholfreie Pils des Hauses ausgetüftelt wurde. „Kelts" ist wie „König" von Sylt bis München in aller Munde. Überregionale Verbreitung wird werbewichtig genommen, doch umgesetzt werden zwei Drittel im Ruhrgebiet und im Rheinland.

„König-Pilsener". Wer will nicht König sein, geworben wird denn auch mit dem Motto: „Heute ein König" und „König-Pilsener. Das König der Biere". Für feine Lebensart steht König unter den Bieren, nicht etwa für Riesendurst nach der Maloche, nicht um Staub und Hitze fortzuspülen, nicht für Kumpel und Eisenschmelzer, obwohl es so begonnen hatte.

Dr. Doris König, Jahrgang 1955, sieht den deutschen Biermarkt kritisch. 140 Liter pro Kopf und Jahr wurden vor Jahren ermittelt. Ob das die Deutschen durchhalten? Frau König kalkuliert auch diese Frage ein. Ihre Brauerei hat den Trend – weg vom Alkohol – mit „Kelts" erfolgreich aufgenommen. Inzwischen ist es Branchenweisheit, daß Biertrinker durch die Bierlandschaft surfen und nicht bei einer Marke bleiben.

Als Vater Leo die Tochter in die Geschäftsleitung berief, war „König" schon lange nicht mehr allein in der Bierlandschaft. Warsteiner,

Mit Kompetenz und Energie setzt sie die Brau-Tradition der Familie fort: Dr. Doris König. Der Anker, Hinweis auf Duisburg-Ruhrort als Beginn, ziert weiterhin das Etikett.

Krombacher, Bitburger, auch die kleine Persönlichkeit Stauder wurden Konkurrenten. Plötzlich war „König" auf Platz 11! Nach einem Jahr hatte Frau Doktor ihr Bier um einen Platz nach vorne gebracht. Heute zählen die Königs nicht mehr nach Plätzen. Bescheiden sagen sie, zu den großen Privatbrauereien zu gehören. Immerhin stehen sie mit Warsteiner, Bitburger, Krombacher und Veltins in der Spitzengruppe der Premium-Anbieter.

Auch Doris König muß rechnen. 1990 waren bei König 1 400 Mitarbeiter beschäftigt, inzwischen sind es um die 400. Wäre es wie zuvor weitergegangen, hätten, so sagen die Analytiker, 30 Millionen Mark Verlust zu Buche geschlagen.

Bei „Königs" ist es ähnlich wie bei den benachbarten Grillos: trotz Biergeruchs, riecht es nach altem Handelshaus. Vater König begann mit dem Sammeln zeitgenössischer Kunst. Bei der Tochter hängen sogar im Sudhaus Bilder moderner Maler. Mag sein, daß die Fimenchefin sich durch Kunst entzücken läßt. Ansonsten scheint sie sich auf ihren klaren Kopf zu verlassen und auf einen Werbeetat von 30 Millionen Mark. Für eine führende Stellung in der deutschen Brauwelt muß auch eine Königin tief in die Tasche greifen.

Fotografien und Dokumente

Archiv Prof. Dr. Heinz Reif, Berlin (1)
Archiv Walter Rieken, Essen (4)
Archiv der Th. Goldschmidt AG, Essen (8)
Bier-Archiv Klaus Joachim Schlegel, Bochum (7)
Luftbild Hans Blossey, Essen (1)
Borbecker Nachrichten, Essen (1)
Geschichtskreis Steele, Franz Günsting, Heinz Parkhoff (5)
Grillo Archiv, Duisburg (1)
Haniel Archiv, Duisburg (7)
Hamborner Verlag Hans-Joachim Meyer, Duisburg (1)
Willy van Heekern, Ruhrlandmuseum, Essen (1)
Hoesch Archiv, Dortmund (3)
König Brauerei, Duisburg (5)
Krupp Archiv, Essen (2)
Privatbrauerei Stauder, Essen (2)
Privat (5)
Henry Ries (New York Times), im NRZ-Archiv, Essen (1)
Stefan Maria Rother, Berlin (1)
Sammlung Schmacke, Münster (1)
Stadtarchiv Essen (1)
Stadtbildstelle Essen (3)
Stadtarchiv Gelsenkirchen (9)
Stadtarchiv Herne (1)
Stadtarchiv Wetter a. d. Ruhr (7)
Stinnes Archiv, Mülheim a. d. Ruhr (9)
Thyssen AG Archiv, Duisburg (9)
WAZ-Archiv, Essen (20)

Thomas Rother (1937 in Frankfurt/Oder geboren), der als Schriftsteller und bildender Künstler in Essen lebt, hat jahrzehntelang als Redakteur bei der Westdeutschen Allgemeinen Zeitung (Essen) gearbeitet. Seine letzte Arbeit für die WAZ war die Serie „Die großen Familien". Diese Serie hat Rother für das Buch „Gründer & Erben" als Grundlage genommen und erweitert. Von Rother erschienen u. a. folgende Veröffentlichungen: „Das plötzliche Verstummen des Wilhelm W." (Roman, Luise-Rinser-Preis 1981), „Ohne Glied geboren" (Erzählungen, 1985), „Zauberworte" (Märchen, 1988), „Muttersuche" (Roman, 1990), „Untermenschen Obermenschen" (Reportage-roman, 1994). Ausstellungen im In- und Ausland, u. a. in Tokio, Seoul, Paris, Berlin, Hannover, London, Bratislava, Salzburg. Gastprofessuren 1984/85 und 1996/97 an der Universität Essen. Stipendien der A.u.C. Pott-Stiftung Essen 1990/91/92 und der Unternehmensgruppe A. Sutter Essen 1992. Kulturpreis der Evangelischen Kirche des Rheinlandes für die Ausstellung „OST" zum Thema Zwangsarbeit der Nationalsozialisten.